# El Hombre
# ¿Azar o Diseño?

# El Hombre
# ¿Azar o Diseño?

JOSÉ FRANCISCO MARTINEZ GARCIA

**Para pedidos de copias adicionales de este libro,
por favor contacte con:**
Palibrio
1663 Liberty Drive
Suite 200
Bloomington, IN 47403
Llamadas desde los EE.UU. 877.407.5847
Llamadas internacionales +1.812.671.9757
Fax: +1.812.355.1576
ventas@palibrio.com
403524

# ÍNDICE

# CAPITULO I

# EXISTIR, VIVIR Y PENSAR

## 1. Vida y filosofía

Hay un refrán latino que con sabor de añeja sabiduría que dice: *"Prima, vivere; deinde, filosofare"* (primero es vivir, y después filosofar). Este proverbio expresa un profundo conocimiento profundo del hombre y de su afán innato de saber. Nos advierte que para poder pensar y luego decir algo razonable, antes es preciso tener no solamente satisfecho el estómago, sino también haber cubierto las necesidades primarias que demanda nuestra propia naturaleza, poniendo la vida a buen resguardo. De aquí podemos obtener algo más que parece estar como agazapado y en cauteloso silencio, no para esconderse propiamente sino para ser descubierto solo para por quien mira atentamente un poco más allá de lo que a alcanza a simple vista; y es aparentemente una simpleza: todo aquello que tiene vida, le es igualmente necesario primeramente existir, para obrar posteriormente de acuerdo a su naturaleza: como es nadar para el pez, o volar para el ave, correr para el caballo, y pensar y actuar racionalmente para el hombre.

De igual manera, siendo propio del hombre razonar, antes que pensar ha de existir, después, tener vida, para en tercer lugar, obrar como ser racional. Y, es obvio que entre los actos que tipifican al ser humano está el pensar. Pero si por un infortunio nos quedásemos en el segundo paso, viviríamos o como plantas o como animales; en cuyo caso no estaríamos haciendo lo propio. Una vida puramente animal o vegetativa, solamente sería justificable para un hombre si existiese un obstáculo de tal magnitud que le impidiera comportarse como lo que es. Vegetar como una hermosa planta, o bien permanecer con un comportamiento animalesco, viviendo en un nivel meramente instintivo y sin más "aspiraciones" que las de colmar las necesidades de una "buena bestia". El caso, más o menos frecuente –al menos en nuestra época– de poner la inteligencia al servicio de una vida cada vez más animal es degradante, auténticamente "infrahumana", y ni siquiera tan solo sensitiva porque el animal no tiene más recursos que sus instintos y éstos bien ordenados conforme a su naturaleza. Este género de vida sería el verdadero fracaso de la persona, una auténtica frustración. "El hombre está orientado hacia algo que él mismo no es, bien un sentido que realiza, bien otro ser humano con el que se encuentra; el hecho mismo de ser hombre va más allá de uno mismo, y esta trascendencia constituye la esencia de la existencia humana" (1).

Es aquí donde netamente puede hablarse de frustración, pues comparativamente hablando: la amiba, solamente puede ser amiba, y no más; como la orquídea solamente puede ser una hermosa orquídea...; y como el león, animal fiero e imponente, no es más que eso, sin otras posibilidades. ¿Qué aspiraciones podrán tener esos y otros millones de seres vivos? Hablando por ellos: ser lo que realmente son. ¿Y el hombre?... Hay que decir otro tanto de lo mismo, pero en toda la extensión de la palabra sin quitar ni añadir nada: ser hombre.

Ser hombre en todos los aspectos de constitución como persona inteligente y libre, en su máxima expresión, siendo un espíritu encarnado en un cuerpo específico, diferencial y complementariamente sexuado como varón o como mujer.

"La especie humana ha tenido su origen biológico en unos cambios genéticos, como el resto de las especies. Sin embargo, esos cambios son tan peculiares que dan lugar a un organismo tan especial como es el cuerpo humano. Un cuerpo que es inexplicable e impensable desde la mera biología porque no está especializado para vivir en un entorno; no presenta caracteres que le especialicen a un nicho ecológico: ¡tiene mundo! (…) Así, una vez aparecidos los primeros hombres, la selección natural ha desempeñado un papel muy secundario: prácticamente nulo en la historia de la humanidad. Desde que aparece el primer hombre, la historia ha consistido en una *evolución cultural*" (2).

Poca cosa sería conformarse, si fuese posible, con ser "simplemente" hombres. Así nacimos, así somos y seremos hasta la muerte. Eso no debe ser. Cierto que se es hombre porque nace hombre, pero sobre todo el hombre se hace a sí mismo. Con esto queremos decir que a partir de su inicio o nacimiento, todo lo demás, el resto está por hacerse. A sabiendas de la redundancia, el hombre nace hombre, pero también se hace hombre. Su existir no consiste en una permanencia inerte o en movimiento continuo sin dirección ni objetivo; no es un simple ser o estar en la Naturaleza. Ser hombre, comporta un hacerse hombre e igualmente conducirse como hombre, lo que incluye un "obrar" y un "hacer", tanto en su propia persona individual como desde sí mismo. Permítaseme afirmar que el hombre (la persona) nunca está totalmente acabada, completada, pues anda naturalmente en pos de la perfección. Es un ser perfectible pero no perfecto. Ello equivale a proyectar su persona actuando a veces por sí solo y a veces con otros hombres, influyendo y modificando su entorno en muchos aspectos y modalidades. No es el hombre un ser solitario. No nace ni vive en soledad sino siempre en una colectividad, desde la familia al Estado y hasta la comunidad de las naciones.

De lo arriba dicho, puede deducirse que la "humanidad" no se adquiere o se alcanza, no es algo que pueda conseguirse a modo de una meta. En todo caso, se posee, se es hombre o nunca se podrá llegar a serlo. Y dentro de ese ser hombre, todo individuo, es decir, cada persona humana, debe "hacerse" a sí misma en el sentido de que ha de ir formándose o completándose hasta lograr una perfección mayor o plenitud, mediante el desarrollo de sus facultades personales, en su propia e irrepetible individualidad, en un esfuerzo continuo que abarca toda su existencia. Esta tarea de autoformación ("auto-acabamiento") presupone el insustituible esfuerzo personal y la imprescindible ayuda o cooperación de sus iguales, toda vez que no somos traídos al mundo como un "producto terminado" o acabado. Por otra parte, tampoco somos seres previamente "programados" a modo de máquinas o autómatas... La libertad, aunque no absoluta, tiene un papel de capital importancia en la vida y en las decisiones de cada persona.

No obstante, nacemos con algunas limitaciones y condicionamientos, como también con ciertas cualidades y potencialidades: algunas son heredadas y otras adquiridas. Ocurre algo semejante a como si cada quien fuese "el único" o "la única", entre otros motivos, porque no existen dos personas iguales o idénticas, ya que cada quien es él o ella misma, con su propia personalidad, etc., y hasta es diferente el tan conocido ADN. "Al fin y al cabo, cada uno de nosotros hemos comenzado, desde el punto de vista biológico, siendo una célula, el zigoto, donde estaban inscritas las instrucciones para construir todo el organismo. Desde el primer momento, cuando éramos una sola célula, ya éramos un ser humano nuevo, con un código genético propio, con unas potencialidades que se fueron actualizando a lo largo del tiempo en las circunstancias adecuadas. Las dimensiones espirituales estaban presentes desde el primer momento, pero no se veían en el zigoto, ni se ven directamente ahora, en el ser adulto" (3).

Los humanos, tenemos la misma naturaleza y un modo de ser específico, propio, lo cual no excluye ni merma la individualidad de cada persona, permitiendo a la vez que cada cual sea dueña de sí misma, y pueda por ello hacer su propio proyecto de vida y de perfeccionamiento. Dicho de otro modo: debemos crecer o desarrollarnos, cambiar, rectificar o ratificar, en otras palabras mejorar o superarnos... Para esto, necesitamos de los demás como ellos de nosotros. De manera que, aunque seamos miles de millones de hombres, no existe ninguno repetido ni lo habrá, a pesar de las múltiples y posibles coincidencias o puntos en común. Nos interesa, pues, como punto central de este trabajo, conocer los orígenes y la naturaleza de ser humano. ¿Quiénes somos?, ¿de dónde venimos? y ¿a dónde vamos?..., son interrogantes son tan antiguas como el hombre mismo. No obstante haber dado muchas y diversas soluciones a ellas, pienso que continuará abundando sobre ellas, quizá sin quedar del todo satisfecho tanto con lo ya dicho como lo que todavía habrá que añadir. No es poco lo que se sabe y probablemente no sea mucho lo que falta por conocer. Y sobre esto haremos algunas reflexiones.

## 2. Hombre y naturaleza.

Ahora, si nos comparamos con los innumerables seres que poblamos nuestro universo, siendo muchas las diferencias entre ellos y nosotros los hombres, también es cierto que tenemos "mucho en común" con ellos. Sin embargo, una "diferencia" (o muchas), ya sea ínfima o descomunal, al fin y al cabo no deja de ser diferencia, la cual puede marcar la pauta entre un modo de ser y otro, misma que está presente en el ser humano doquiera que se encuentre y actúe. El hombre está compuesto de materia y espíritu (cuerpo y alma) (4). El ánima es el principio vital del cualquier ente vivo, que siendo algo inmaterial es de carácter espiritual en el ser humano, y no muere o se acaba juntamente con el cuerpo, como sabemos que ocurre con toda clase de animales y plantas, o con cualquier otro tipo de vida conocido.

Hay algo que por ser obvio, parece estar de más referirlo aquí, pero siendo honestos no queremos dejarlo en el tintero, y el asunto consiste en algo muy sencillo: lo que es diferente, no es igual. Expresándolo con otras palabras, diremos: "lo que es redondo, no es cuadrado". Así las cosas, refiriéndonos a la persona, estamos de acuerdo con la afirmación hecha por un psiquiatra judío de fama internacional, en pleno siglo XX, que dice a la letra: "El hombre no es "nada más que" el producto de las condiciones de producción, de la herencia y del medio ambiente, de las condiciones y circunstancias económicas y psico-dinámicas, etc. Sea lo que fuere, se le presenta como una víctima de las circunstancias, cuando en realidad es él quien las organiza, y, si es necesario, las modifica" (5).

A continuación iremos exponiendo un conjunto de datos tomados de diferentes ciencias y épocas diferentes, muchos de ellos bastante conocidos por gente de mediana cultura, otros tantos que pueden resultar desconocidos para otros para personas menos cultivadas o que a veces se denominan más técnicos o especializados. A fin de cuentas, intentamos que el lector, si es el caso, consiga quitarse de la cabeza ciertas ideas o prejuicios que algunos científicos y no pocas personas con intereses menos científicos y propios de ideologías, e incluso los llamados "divulgadores" de novedades que con buena intención, han pretendido hacer más asequible al pueblo o a las masas, lo que no puede explicarse en dos o tres párrafos, y tampoco con unas cuantas palabras claves al pie de una foto o unas imágenes, como bien podría ejemplificarse sobre la Teoría de la relatividad o sobre el genoma humano. En su momento (hace algunas décadas), ocurrió algo semejante con la teoría evolucionista de Ch. Darwin, y aún perduran algunos de sus efectos (6).

Aunque luego nos extenderemos más sobre el asunto: anticipamos de manera breve que el ser humano no es el resultado de la sola evolución de la materia, somos "protagonistas" de la Historia, además, nos avalan gran variedad de conocimientos modernos y antiguos (ciencia, técnica, arte, filosofía, política, etc.,); de modo que no podemos quedarnos con la imagen gráfica que inicia con el primate, que con al paso del tiempo se va irguiendo sobre sus pies (patas traseras), para dejar más tarde sus brazos y manos completamente libres hasta llegar a ser el *"homo sapiens"*. Es verdad que hay una evolución, que ha habido cambios físicos y biológicos de orden material en múltiples seres vivos. De no ser así ¿dónde estaría el cambio?, ¿dónde la evolución?, ¿qué dirección lleva la materia? Estaríamos como en el *pleistoceno* o antes, y continuaríamos siendo los mismos, como ocurre con las cucarachas u otro tipo de bichos, plantas o animales que parece no haberles afectado el paso y el peso de los siglos... El hombre no pasó de ser irracional a ser racional, y tampoco dejó de ser un bruto más de estirpe animal para convertirse posteriormente en un genio pensante. No ha sido así. El hombre siempre ha pensado, ha sido un ser racional desde su origen aunque haya ido cambiando parcialmente su morfología, como también ha ocurrido con su *habitat* en cierta medida, y dándose igualmente una influencia recíproca en diversas proporciones, pero sin presentarse nunca una dependencia total del hombre respecto del medio ambiente. Más aún, el ser humano además de haberse adaptado a su entorno lo ha modificado notablemente e incluso se ha servido de él. Gran cantidad de especies vegetales y animales han desaparecido de nuestro planeta por mil motivos diferentes, pero desde que el hombre hace acto de presencia en la Tierra, éste sigue en pie y continúa avanzando y ejerciendo un dominio sobre sí mismo, y en mayor o menor grado sobre aquello que le rodea.

El hombre bien sabe que es hombre, y que el mundo es mundo, y ambos son diferentes. También es consciente de la influencia mutua (hombre-mundo), así como del poder que posee para transformar el mundo; e igualmente sabe que la influencia del mundo sobre él, no es definitiva o determinante, sino sólo condicionante. "La tradición del pensamiento hermenéutico ve la realidad como contexto humano. A diferencia de los demás animales, el hombre, como ser activo, no se adapta al medio en que vive, sino que lo adapta a sí mismo, convirtiéndolo mediante la técnica, en su hábitat: lo humaniza" (7).

Hay un hombre "primitivo" que nos precede, mas no es el "semi-racional" que combatía luchaba por su vida y su estirpe contra otros primates y toda clase de fieras, según los presentaron durante muchos años los medios de comunicación haciendo eco a quienes les convenía. La materia en "evolución hasta llegar al hombre... ¿y luego? "La imagen de ferocidad carecía de todo soporte real. A lo largo de los años, de hecho, muchos hallazgos arqueológicos han puesto en evidencia muestras de cooperación y aún de sentimientos delicados entre la gente primitiva. Numerosos fósiles han sido hallados en tumbas, cuidadosamente preparadas, algunas con antigüedad de 100,000 años. En varios casos los difuntos eran viejos y tullidos (...). En una tumba, un joven había sido cuidadosamente sepultado al lado de un anciano. El joven tiene un brazo recogido sobre su cabeza, imitando la postura del que duerme. En una mano tiene un cuchillo de cuarzo primorosamente labrado. En otra, tumba, los arqueólogos encontraron el cuerpo de un anciano *neardenthalense* que tenía un brazo amputado desde su juventud (¡una operación quirúrgica hace 60,000 años!). Este inválido para subsistir, necesitó cuidados atentos durante toda su vida. Y todavía en otro lugar *neardenthalense*, los investigadores encontraron evidencia de de que un hombre había sido enterrado con flores. El cuidado de los tullidos y el enterramiento con flores, nos dan una dimensión de la humanidad en el hombre primitivo que habría dejado boquiabiertos a los científicos del siglo pasado" (8).

Todavía en nuestros días hay algunos científicos y gente de la calle que pretenden imponer una imagen distorsionada e incompleta del hombre, del *homo sapiens,* poco veraz y acertada, pues mientras más lejano nos parezca más salvaje e irracional será. Sobre esto veremos algunas diferencias de no poca importancia y de mucha envergadura. De momento adelantos simplemente que del hombre no solamente existen fósiles, sino otras múltiples manifestaciones de su racionalidad y de su cultura en diversas manifestaciones, desde utensilios hasta significativas obras artísticas, otras de carácter religioso así como muestras claras de lenguaje, etc. que denotan pensamiento y comunicación, trabajo, organización, jerarquía, oficios, valores, deberes y derechos, responsabilidades, iniciativas, creatividad y mucho más.

## 3.  Igualdades y diferencias

Llegamos a un punto en el que podemos obtener unas cuantas conclusiones, a algunas de las cuales nos referiremos más adelante. Sin embargo, aprovechamos este momento para añadir algo más. Entre esas conclusiones, tomada de ejemplos vivos, de millones de personas como nosotros, y es algo que está en la mente y en la boca de todos, continuamente repetida de muchas maneras: el hombre es un ser pensante. Es evidente que además de tener sensiblemente noticia de sí mismo y de su mundo, también la tiene de posee de modo racional, que le es propia y exclusiva. Por lo mismo es capaz de "entender" y "entenderse", "comunicarse" con sus iguales los demás y hacerles partícipes de mil y mil cosas, entre las que se encuentran: sus sentimientos, pasiones, afectos, ideas e intereses, así como de sus proyectos, sueños e ideales, etc., sirviéndose para ello del lenguaje (signos orales y escritos), lo mismo que de señas e incluso movimientos corporales. "La posibilidad del mutuo entendimiento no radica en que usemos un mismo *lenguaje*, sino también en que éste sea realmente significativo, que sirva para entender la realidad. Entendernos *entre nosotros* y entender *algo* constituyen las facetas fundamentales de un lenguaje mediante el cual nos relacionamos con nosotros y con el mundo. Si la palabra (*logos*) no sirve para mencionar la realidad, entonces es imposible que funde nexos de entendimiento entre los hombres" (9).

Además de pensar, hablar y actuar, dentro de su modo propio de ser y hacer, cuenta con la capacidad que le ha permitido crear o forjar variadas artes y técnicas que ha colocado a su disposición con el fin de conseguir una estancia más llevadera en este mundo, o más propiamente hablando, una vida más "humana" y confortable, más feliz. Sirviéndose, pues, de la ciencia, de la técnica y las artes, así como de otras "habilidades", ha ido superándose y haciéndose cada vez más dueño del mundo. Una muestra no pequeña de esto la encontramos, de entre millares de ejemplos a escoger, todo aquello que va desde el simple hecho de usar de un palo para defenderse o apoyarse en él para caminar, o adornarlo con diferentes figuras y motivos y aún usarlo como bastón de mando, etc., hasta la fabricación de una cuchara o unos zapatos, como construir un piano o descubrir la penicilina y sus múltiples aplicaciones, o la invención del telescopio, así como pasar de la rueda a la fabricación de automóviles en serie o las naves interplanetarias y laboratorios espaciales... Ningún ser, fuera del hombre, ha creado civilizaciones, con todo lo que esto comporta.

El sólo hecho de transformar la naturaleza y servirse de sus conocimientos para fabricar herramientas, pone en evidencia la superioridad del hombre. "Para poseer tecnología avanzada, son necesarias formas de vida lo suficientemente complejas para desarrollarla. Esto es lo que se llama vida tecnológica. Ahora, la vida tecnológica necesita un grupo estrecho de condiciones, que son más limitantes que las condiciones para la vida compleja, y mucho más que para la vida simple (...) Podemos decir que una especie es tecnológica si, al menos, es capaz de planear con varios años de anticipación, controlar y dar forma a los elementos básicos con el fuego como fuente central de energía, y alterar su medio ambiente lo suficiente para potenciar su supervivencia y prosperidad.(...) una especie que da forma al metal para formar grandes herramientas, para construir grandes embalses, puentes y rascacielos, debe ser, lógicamente, tecnológica, mientras que otra gasta la mayor parte de su tiempo cazando animales salvajes, reuniendo frutos silvestres y sacándose insectos no lo es" (10).

También queremos hacer mención de algo que pertenece exclusivamente a la persona humana: la historia. Solamente el hombre hace historia y además cada quien tiene su propia historia... Las cosas no, aunque por razones diversas las coloquemos en algún momento de la Historia e incluso lleguemos a hablar de la "historia" de algunas especies de seres vivos o inertes, como de la historia de algunas ciencias y del arte, cuando en realidad es más bien una relación sobre esos temas. Exclusivamente el ser humano usa la memoria e imaginación conjugándola con la ciencia u otras clases de saber, tanto para resolver problemas o asuntos presentes de diversa índole, así como para atisbar y "adelantarse" al futuro, o bien se hace cuestionamientos a los que ofrece soluciones varias. ¿Quién dirá que el hombre es un "super-simio", un "mono desnudo", o cualquier otra cosa menos "hombre"? El hombre no es lo que come, ni lo que hace, ni lo que sueña o lo que siente..., pues todo esto lo trasciende. Conoce, se conoce a sí mismo y sabe que se conoce. Esto ya es algo que ningún otro ser de este mundo ha llevado a cabo. Así pues, otra cualidad o característica típica y distintiva del ser humano es la autoconciencia.

El mundo es parte de él y él también es parte del mundo, aunque ambos, hombre y mundo, lo son de modo muy distinto y sin igualdad en las relaciones. "La civilización es, en efecto, como un "ir y venir" continuo del hombre al mundo y del mundo al hombre: para liberarse el hombre da forma al mundo; le convierte en un mundo de civilización y cultura; pero el mundo, a su vez, actúa sobre el hombre y le permite liberarse de forma más completa y bajo nuevos aspectos. Por esto también se puede hablar de un "sentido" de la historia y la historia no constituye una sucesión de acontecimientos sin orden ni concierto, sin líneas directrices, esa "historia contada por un loco" de que habla Shakespeare. En este sentido de la historia reside en último término en la liberación progresiva del hombre y de la humanidad gracias a una mejor inteligencia de las leyes de la naturaleza y a un reconocimiento más auténtico del hombre por el hombre" (11).

El ser humano es el único "animal" en nuestro planeta que piensa, que discurre y concluye. También es capaz de elecciones y decisiones, por tanto, de responsabilidades. Por lo que ya claramente advertimos que hay mucho más que puros sentimientos, pues además de los conocimientos (ciencia, técnica, etc.), nos topamos con "deberes" u "obligaciones". Aquí aparece el *ethos*, el deber ser, que posibilita la propia perfección personal: el campo donde la inteligencia se enlaza con la voluntad. "El hombre puede muy bien, por tanto, ser él mismo o ser propiamente; pero por otra parte, sólo puede serlo allí donde no es impulsado sino responsable. El ser hombre propiamente comienza por tanto allí donde deja de ser el hombre impulsado, para a su vez cesar cuando cesa el ser responsable. Se da allí donde el hombre no es impulsado por un ello sino que hay un yo que decide" (12).

Estamos, pues, ante un "animal racional" o "un espíritu encarcelado en un cuerpo", al decir de de dos sabios de la Grecia antigua, Aristóteles o de de Platón. Hay quienes afirman que el hombre es "el único animal que tropieza dos veces en la misma piedra"... Hasta cierto punto tienen razón, mas habría que pensar que es esto se debe al instinto tan pobre o limitado que posee, y a veces a su cabeza despistada o probablemente a su poca voluntad para esquivar el obstáculo. Pero si tropieza, lo hace a fuer de ser humano, pues no hay animal que reincida en la misma falta, que cometa varias veces el mismo error debido su modo instintivo de actuar. "El hombre nos es una máquina formada por piezas sueltas ni funciona en forma estática y predeterminada, sino un organismo cuyas características son la integración dinámica. La transformación continua de cada parte por otras y de todas ellas por su estructuración en todo" (13).

¿Algo más?... Sí. Igualmente le es propio al hombre: amar y odiar, sentir vergüenza y ufanarse de sí mismo; como tampoco le es ajeno acertar o equivocarse, de la misma manera que puede rectificar o vencerle la necedad y la indolencia. A esto le sumamos que es además inventor y descubridor; que puede hacerse preguntas y responderse con la verdad o engañarse y mentir, o permanecer ignorante... Con un poco de poesía pero mucho de realismo, añadiremos también que es el único ser en este mundo que puede mirar las estrellas, contarlas y ponerles nombre. Es guerrero, artista, político, científico, economista, religioso, constructor, puede ser justo e injusto, y... es señor de sí mismo.

Es verdad que el hombre ha evolucionado. Desde su origen a la fecha ha mejorado como persona, y en buena medida él ha modificado su entorno, unas veces para bien y otras para mal, lo cual demuestra que aún siendo parte del mundo, no pertenece del todo a él, ya que múltiples y diferentes maneras lo domina. "Tan pronto como una fuerza, un elemento, una estructura o cualquier otra cosa penetra dentro del radio de acción del hombre, recibe allí un carácter nuevo. Ya no es mera naturaleza, sino que se convierte en un elemento de la circunstancia humana. Queda situado en la esfera de la libertad del hombre, pero también sometido a su debilidad, y, por ello, se hace equívoco, se convierte en receptáculo de posibilidades tanto positivas como negativas" (14).

Nos interesamos y ocupamos de nuestro mundo. Sería una tarea imposible y por demás un propósito inútil e insequible. Nos atrevemos a decir que no podemos no conocerlo aún intentándolo. El mundo que nos rodea y nos condiciona, también "nos mira", nos da y nos quita, nos ofrece... Se preguntan entonces algunos, como ya hicieron antes otros: ¿se nos presenta como puro fenómeno o detrás de él hay algo más? A fin de cuentas: ¿sería posible al hombre vivir ignorando el mundo? ¡Cuántas consecuencias desastrosas se derivarían de esta actitud irracional y absurda de nuestra parte...! Ningún ser racional, naturalmente bien dotado, puede vivir de espaldas al mundo o permanecer indiferente a cuanto le rodea; sería tanto como renunciar a ser nosotros mismos, lo más parecido a un suicidio intelectual.

Bien decía el Estagirita hace muchos siglos: "Todos los hombres tienen naturalmente el deseo de saber" (15). La apetencia de conocer la realidad, el universo circundante, es algo natural y espontáneo al ser humano. También cabe decir que el hombre, al igual que muchas bestias, mira su entorno, pero ambas miradas son muy diferentes: el "homo sapiens" mira y admira porque observa, pues "observar es darse cuenta de las circunstancias que acompañan a un fenómeno" (16); y entonces puede dar razón de lo que acontece dentro y fuera de sí mismo. El ser humano es, a fin de cuentas, el único se en el universo que nos rodea que lo conoce y se conoce a sí mismo.

No es posible que el hombre e ignore y a la vez viva de espaldas al mundo, como lo demuestran los hechos. Resulta igualmente imposible que su modo propio de vivir y de sentir: ver y oír, gustar,... se quede en eso, el simple hecho: de ver, de oír o de saborear, de percibir olores, oler, etc., como quedando reducido a las puras sensaciones, limitándose a permanecer atrapado en sí mismo quedándose en la materialidad de su ser. "Ahora es cuando se puede hablar de de subjetividad y de conciencia de sí, de *autoconciencia*, cuando el sí mismo, la sustancialidad del viviente, no es excéntrica respecto del conocimiento y éste se hace cargo del sí mismo. Esto es lo que propiamente significa *autonomía*". (17)

De hecho, el ser humano en su actividad cognitiva, rompe, supera la barrera de la materia bruta, pues al conocer racionalmente trasciende lo corpóreo. El hombre no solamente es animal, porque, como vimos, mira y admira; y la admiración es una actitud de asombro e interrogación, que demando o solicita una explicación de aquello observa; exige una respuesta, y la respuesta es elaborada ofrecida por la razón, hecho real que sólo es posible gracias al espíritu humano. No parece exagerado entender que el mundo se explica o justifica por la existencia del hombre, y que a su vez el hombre es el único capaz de explicar el mundo. "El hecho fundamental de la existencia humana es el hombre como hombre. Lo que singulariza al mundo humano es, por encima de todo, que en él ocurre entre el ser y ser algo que no encuentra par en ningún otro rincón de la naturaleza. El lenguaje no es más que su signo y su medio, toda obra espiritual ha sido provocada por ese algo" (18).

# Capitulo I

(1) Frankl, Viktor E., *"La psicoterapia al alcance de todos"*, Herder, Barcelona 1985, p. 13

(2) López Moratalla, Natalia, *"Cuestiones acerca de la evolución"*, EUNSA, Pamplona, 2008, pp. 12-13. (Catedrática de Bioquímica y Biología molecular. Ha publicado un centenar de artículos científicos en revistas especializadas en el campo de la bioquímica mitocondrial y biomedicina).

(3) Artigas, Mariano y Turbón, Daniel, *"Origen del hombre"*, EUNSA, Pamplona 2007, p. 113. ("La *dotación genética* es el número de cromosomas de cada especie que contiene el "programa" para construir un individuo de esa especie. Los cromosomas están formados por moléculas de DNA (...) Esas moléculas están agrupadas en conjuntos de varios miles. Se llaman *genes* a aquellos conjuntos que contienen la información para construir otro organismo igual, y se llama ADN silencioso a aquellos conjuntos que no contienen esa información específica": Choza, Jacinto, *"Manual de Antropología Filosófica"*, Rialp, Madrid 1988, pp. 60-61).

(4) El alma humana es: "aquello por lo que primeramente vivimos, sentimos, nos movemos y entendemos". Aristóteles, *Sobre el alma*, 415 b 13 ("El viviente está siempre vivo, pero no siempre está realizando operaciones. La distinción entre "estar vivo" y "estar nutriéndose" o "estar conociendo", nos lleva distinguir entre el alma (principio vital o acto primero del ser vivo) y las facultades o potencias operativas (principios del obrar y sus operaciones o actos segundos)". García Cuadrado, J. Ángel, *"Antropología filosófica"*, EUNSA, Pamplona 2001, p. 46.

(5) Frankl, Viktor E., op. cit., p. 184.

(6) "La obra principal de Darwin, *El origen de las especies* (1859) levantó un torbellino de pasiones, un verdadero tornado. Fue la obra científica más discutida del siglo. Fue, siguiendo la analogía, como una nueva y poderosa cuña en las cabezas de madera. Que la Iglesia entablara la "lucha por la vida" era más que comprensible. Pero también muchos filósofos opusieron una fuerte resistencia. Una obra que derivaba la inteligencia humana de la naturaleza irracional,

constituía un crimen de lesa majestad contra todos los humanistas".
(Moser, Friedhelm; *"Pequeña filosofía para no filósofos"*, Herder, Barcelona 2003, p. 108).

(7) Barrio, José María, *"El balcón de Sócrates"*, Rialp, Madrid, 2009, p. 89

(8) Stenson, James B., *"La evolución"*, Editora de Revistas, México 1990, pp. 21-22 (Educador e investigador norteamericano. Director de la Northridge Preparatory School. Doctorado en Biología a Historia por la Georgentown University. Ha sido director de la revista científica *Science Books Quarterly* publicado por la *American Association for the Advance of Science de Washington*. Especialista en la historia de la evolución).

(9) Barrio, J. M., op. cit., p. 13

(10) González, Guillermo y Richards, Jay W., *"El planeta privilegiado"*, Palabra, Madrid, 2002, pp. 82-83

(11) Dondeyne, Albert, *"Fe cristiana y pensamiento contemporáneo"*, Guadarrama, Madrid 1963, p. 89

(12) Frankl, Viktor E., *"La presencia ignorada de Dios"*, Herder, Barcelona, 1981, p. 24

(13) Wolff, W., *"Introducción a la psicología"*, FCE, México, 1953 pp. 140-141.

(14) Guardini, Romano, *"El ocaso de la era moderna"*, Guadarrama, Madrid 1958, pp. 114-115.

(15) Aristóteles, *"Metafísica"*, lib. I, cap.1, ("Los animales reciben de la naturaleza la facultad de conocer por los sentidos"), Espasa Calpe, México 1992 p. 11.

(16) Castrillón, Julio; V., Luna, C. Ambrosio; Bulbulian, Johannes; Ayel F., Juan Pierre; *"Física"*, Enseñanza, México 1969, p. 11 (Citaremos en adelante con las siglas: A.V.)

(17) Choza, Jacinto, *"Manual de Antropología Filosófica"*, Rialp, Madrid 1988, p. 38

(18) Buber, Martin, *"¿Qué es el hombre?"*, FCE, México, 1969, pp. 146-147

# CAPITULO II

# ¿DISEÑADO EL HOMBRE?

No se requiere demasiada ciencia para saber que es imposible la existencia de un círculo cuadrado. Con frecuencia se emplea una frase con estos componentes para referirse a un absurdo o una contradicción, pues según dice el proverbio: lo que es cuadrado no es redondo y viceversa. De aquí que nos resulte familiar en cierto sentido aquello de: buscar la "cuadratura al círculo". Es obvio que representa una seria dificultad intentarlo y un gran logro conseguirlo... No pretendemos algo semejante con en este trabajo, sino más bien intentamos evitar la confusión entre lo cuadrado y lo redondo, a sabiendas de que únicamente lo que es obvio no requiere demostración.

Innumerables son las preguntas o cuestionamientos que el hombre se ha hecho sobre sí mismo y el mundo que le rodea, como son también incontables las respuestas que ha encontrado, considerando a la par que todavía están si contestar otras tantas. Entre esos cuestionamientos y soluciones se encuentran nuestros orígenes. "No hay uno solo de nosotros que no se haya preguntado cómo llegó a existir el universo. Razonamos que todo este mundo, con sus flores, ríos, rocas, firmamento y estrellas, Sol y Luna, no apareció por pura casualidad. Todo lo que vemos en torno nuestro, y de todo de lo que algo sabemos algo, debe de haber llegado a ser lo que hoy es a través de algún proceso. Si pudiéramos entender ese proceso entenderíamos la naturaleza del universo" (1). Como antes recordamos, es algo natural y espontáneo en el hombre el deseo de conocer. Para una águila volar es lo más natural, igual que para un delfín es nadar. Y en nuestro caso, saber es conocer, es "dar razón de las cosas": saber lo que son y cuáles son sus causas (el qué, el por qué y el para qué). Desconocer las causas de las cosas es ignorancia o funcionar en un nivel puramente sensitivo.

No es extraño, pero sí merece tenerse muy en cuenta que ni los trilobites, ni los dinosaurios o los mamuts…, como tampoco las tortugas, las ballenas o los salmones, ni los buitres y las golondrinas, por poner algunos ejemplos, se han interrogado ni mostrado interés alguno por sus ancestros o sus orígenes…, sólo el hombre ("homo sapiens"), nosotros, y nadie más. Y como es lógico, solo nosotros hemos dado respuestas a tal cuestión. ¿Por qué? Porque el hombre es el único ser pensante que ha habido y hay en este planeta, posiblemente en nuestra galaxia, y quién sabe si en el universo conocido… Quien diga lo contrario ha de cargar con el peso de las pruebas, debe demostrarlo.

## 1.  ¿Cuál es nuestro origen?

Mucho se ha debatido hasta nuestros días, y desde muchos siglos ha sido tema de sumo interés el origen del mundo y del hombre. Ello significa que nos interesa el universo, nuestro *habitat*, y por supuesto, qué somos o quiénes somos, de dónde venimos y a dónde vamos, etc. Se han dado respuestas y soluciones de lo más variopinto a estas interrogantes tan antiguas como la humanidad. Hay quienes afirman que el universo material brotó de la nada por generación espontánea. Según otros, tiene su origen en los átomos (las partículas ínfimas que integran la materia) según la filosofía presocrática (2), postura con ciertas variantes sostienen algunos científicos en nuestros días, apoyados en los datos recabados modernamente por la Física y la Química.

Mientras que otros sostienen la eternidad del mundo como de la materia misma de que está formado, o sea, que ha existido siempre. Otros, en cambio, afirman que inicialmente el universo era un caos (algo existía), pero en el transcurso del tiempo y según determinados procesos, se fue estableciendo un orden, del que finalmente proviene todo cuanto conocemos.

Abordando someramente este tema, expondremos algunas de las razones que nos llevan a pensar que nuestro universo (cuanto existe), ha tenido un principio, motivos por el que descartamos: la posibilidad de que la materia sea eterna, así como la generación espontánea (de donde nada hay surge el ser, sin más, porque sí), y la teoría de un caos inicial. Para esto recurrimos a datos aportados por diferentes ciencias, que nos inducen a tomar la postura ya mencionada, con el fin de conocer mejor y con mayor seriedad la cuestión sobre nuestros orígenes, en la medida de lo posible, obteniendo de esta manera conclusiones veraces y procurando no dejar nada a la imaginación ni quedarnos en suposiciones o dejar cabos sueltos.

Nuestro planeta ha tenido una conformación previa a la existencia del hombre, la cual ha hecho posible la vida, y por la cuenta que nos trae, la vida humana. De modo que, la "historia" de nuestro planeta, es también en cierto modo nuestra historia. No somos el resultado de la materia pura evolucionada o revolucionada, ni tampoco un ejemplar más del inmenso zoológico que habita este mundo, como si fuésemos una "especie rara". Es indudable que del "hombre primitivo" a nuestros días hay multitud de cambios, de mejora, de superación en muchos aspectos, pero este fenómenos se ha llevado ideo realizando dentro de nuestra misma estirpe, otra cosa no parece posible, pues "lo que da al hombre la especie debe permanecer siempre en el mismo individuo mientras éste dura; de lo contrario, el individuo no sería siempre de la misma especie, sino unas veces de esta y otras de aquella" (3).

## 2. Algunas explicaciones.

Cabe otra posición desde la cual explicar la existencia de mundo y el origen de nuestra estirpe o linaje humano. No se trata de una actitud conciliadora, intermedia entre el materialismo y el espiritualismo. De momento recordamos que el ser humano está constituido de materia y espíritu, formando cada persona una unidad substancial, con un acto de ser propio y unas características también individuales, aunque en parte comunes a los demás hombres. "El hombre es naturaleza e historia, consciente e inconsciente, cuerpo y alma. Su vida participa siempre de este carácter dual y contradictorio. Para mantenerse en su nivel humano, ni puede descender a la pura naturaleza ni ascender al puro espíritu. Existe, pues, en su conducta un plano natural y un plano personal" (4). En lo tocante a la vida, la mayoría de los científicos y estudiosos del tema, afirman que tiene su origen en la materia que, al conseguir un grado preciso y concreto de perfección (mediante la combinación adecuada y proporcional de ciertos elementos químicos), posibilitó la existencia de los primeros seres vivos. Bajo esta perspectiva, la vida es una faceta más del modo de ser de la materia (un ser totalmente corpóreo diferente del inanimado). Ya adelantamos en pocas palabras que la "vida significa capacidad de realizar operaciones por sí mismo y desde sí mismo, o sea, recoger y transmitir información autónomamente por parte del emisor-receptor" (5). El universo no es una "gran máquina".

En necesario precisar que, no todo cambio es sinónimo de evolución, como vulgarmente se entiende. Finalmente, "la evolución" de los seres vivos (que va de menor a mayor perfección), es un hecho notorio que presupone una serie de cambios operados en diversas circunstancias y motivos concretos, hasta que aparece el por último aparece el hombre ("erguido y pensante") sobre nuestro planeta, tras millones de años de sucesos y modificaciones de diferente índole acaecidos en el universo, hasta que se hace habitable la Tierra. "El libro que Darwin publicó en 1859 se titulaba *Sobre el origen de las especies por medio de la selección natural,* y nada decía del ser humano. Pero se daba por supuesto que el hombre quedaba incluido en la cadena de la evolución, y desde el primer momento así se entendió. Más tarde, en 1871, Darwin publicó otro libro, Sobre el origen del hombre, expresamente dedicado al hombre por evolución, y este nuevo libro se prestaba a más controversias, ya que afirmaba que la diferencia entre el ser humano y los animales superiores es sólo de grado, de manera que en los animales se encuentran, aunque en grado inferior, las capacidades que consideramos típicamente humanas" (6).

Después de un largo proceso selectivo de superación y supervivencia, a partir de los primates aparece el *homo sapiens* (hombre) viviendo como el mejor y máximo exponente (espécimen) de todo un "caldo de cultivo" bien preparado. El hombre viene a ser el fruto maduro y espectacular de una Naturaleza "sabia" que fue disponiendo todo, para que surgiera en un determinado momento, sea al final de un primitivo caos o bien al comienzo de una nueva época donde predomina el orden. O, quizá ocurrió que por una sinrazón, el hombre, sin más se encontró como un habitante más de este mundo, ignorando cómo, desde cuándo, por qué y para qué está aquí. De ser así las cosas, parecen certeras aquellas palabras de Sartre, según las cuales "el hombre es una pasión inútil"; o como antes afirmara Feuerbach: "el hombre es lo que come". Otras formas de ver el mismo resultado.

No estamos de acuerdo con ninguna de esas dos sentencias, pues más nos identificamos con lo que hacemos (cada ser obra según su naturaleza), que con aquello que nos acaece o lo que nos nutre... "Lo que sabemos, en cierto modo lo somos. Y por eso el conocimiento es praxis. Con el lenguaje de la teoría *hilemórfica,* Aristóteles pone de manifiesto que el conocimiento es "información", es decir, adquisición de la *forma* de lo conocido. Y esa información es "conformación" y "transformación". Al conocer algo, lo hacemos propio, lo interiorizamos" (7). El hombre es una animal racional, y por ello obra según su conocimiento, no solo según las afecciones sensibles o datos de los sentidos.

Tanto filósofos como científicos (biólogos, químicos, físicos y matemáticos, arqueólogos, paleontólogos y antropólogos, y otra personas cultas e instruidas), han expuesto en diversos momentos de la historia, respuestas a estas y otras interrogantes, con mayor o menor acierto. Verdad es que, conforme ha ido avanzando la ciencia y la técnica, se dispone de mejores instrumentos de investigación y consecuentemente con muchos más datos y más veraces. Muy importante es la teoría "evolucionista" de Charles Darwin, que en suma sostiene que el hombre procede por sola evolución de sus antecesores los simios. Su teoría, no demostrada totalmente, ha sido motivo de muchas investigaciones que parcialmente le conceden la razón, pero al mismo tiempo deja sin explicar muchas consecuencias. Consecuentemente, de aceptar por completo cuanto afirma del ser humano, éste no sería sino resultado de la pura evolución de la materia.

Hay diferentes maneras de entender o enfocar la evolución. La más simple es aquella que reduce todo a materia y ésta la que evoluciona danto siempre en todos los casos resultados del mismo orden material, admitiendo una posible mejora en ese desarrollo. El cambio por sí mismo explica muy poco y obviamente se queda en el nivel puramente material, fenoménico que de suyo no apunta a nada. "La teoría de la evolución reviste (…) diversas formulaciones, cuyas diferencias se pueden establecer en función de los tres conceptos de *cambio, orden y dirección* (…). Las teorías de la evolución se diferencian según operen con uno, dos o tres de estos conceptos. Que operan sólo con el concepto de *cambio rechazando los otros dos se llaman a veces formulaciones del positivismo radical"* (8). Si del "cambio" o en él mismo se da como antecedente o como consecuencia un "orden", pensamos que se justifica que exista una "dirección"; pero si ésta es real, es también una realidad que la dirección exige una intención y no puede ser sino superior a la misma materia carente de vida y de inteligencia.

## 3. Posibilidades: del orden y del caos

Obviamente que no tratamos aquí de adivinar o de dar la prueba irrefutable (no parece que exista), sobre si es primero el huevo o la gallina... Para iniciar, hay algo que está suficientemente claro: de la nada, nada puede surgir, o dicho de otro modo, la nada no produce nada; entendiendo por "nada" la absoluta ausencia o vacío de todo ser, la inexistencia absoluta. Por el contrario: lo que "es", es (existe); y lo que "no-es" (no existe), nada es. Es algo semejante a decir: cualquier ser (ente) necesariamente ha de proceder de otro, ya que de la nada es imposible que surja algo, cualquier cosa.

La nada es inexistente, es un mero concepto o idea, es la negación de todo ser como lo opuesto a lo real. ¿Sería posible que una mujer inexistente quedase embarazada de sí misma y luego se diese a luz? Imposible. Solamente es posible lo que se funda en la realidad, aquello que no es absurdo, es decir, que un ser dé origen a otro ser, que una cosa sea la causa de otra pero no de sí misma. Otro asunto es saber cómo y cuándo ocurrió eso. Un hombre y una mujer sí pueden engendrar un hijo y alumbrarlo; sin embargo, cosa curiosa pero real: dos varones o dos mujeres unidos entre sí (reales), no pueden (imposible) procrear un hijo. Vemos, pues, que en la realidad hay cosas que son posibles y otras que no lo son. Esto significa que la realidad está regida por leyes, puesto que los seres no actúan al azar, de modo aleatorio. Incluso en un orden meramente físico, por ejemplo, se dan la atracción y repulsión entre determinados cuerpos, o también se habla de polos positivo y negativo, etc. Los ojos son para ver no para oír...

En un universo caótico, al no existir leyes que regularicen los comportamientos de los cuerpos o individuos que los componen, es decir, en ausencia de toda ley, teóricamente puede o podría suceder cualquier cosa. Y decimos a propósito "teóricamente" porque el hombre y las ciencias (experimentales) siempre han encontrado una normatividad en el mundo, leyes que establecen modos de ser y comportamientos, y es por eso que las cosas generalmente suceden de la misma manera. Lo que ha hecho el hombre de ciencia, es solamente descubrir el cómo y el por qué de esos comportamientos, comprobar o desmentir su regularidad, y con ello explicar la realidad de ciertos fenómenos mediante leyes; pero esas leyes no son invención humana, tan solo son enunciadas de una u otra manera, según la clase de seres, objetos o cosas en cuestión, ya se trate de seres inertes o vivos, y conforme a una previa clasificación de ellos. ¿Por qué hay que pre-suponer el caos como anterior al orden, o el caos como condición de la existencia del orden? "Las leyes científicas suponen la existencia de un orden natural, y al mismo tiempo lo manifiestan. Esto es así porque dichas leyes expresan relaciones constantes y, por tanto, regularidades entre fenómenos" (9).

Si todo fuese posible, nada sería imposible. Y siendo posible cualquier cosa, ¿por qué el caos no "produce" más caos, y en cambio existe el orden? Cómo explicar entonces la imposibilidad de algunas cosas y la posibilidad de otras?, ¿por qué se requieren de determinadas condiciones para algo ocurra, y en otros casos ciertas condiciones y circunstancias son más bien un impedimento?, ¿por qué los individuos de un tipo, una clase o especie concreta, tienen iguales comportamientos o las mismas reacciones ante determinados estímulos y no ante otros?, ¿por qué resulta predecible la en conducta en los seres inertes, a niveles micro y macro-cósmicos, por ejemplo: en partículas, elementos, átomos etc., como en los grandes cuerpos como los planetas, estrellas, galaxias, etc.?

"La teorías científicas proporcionan amplia información sobre el orden natural. En este contexto, tienen especial relevancia las teorías actuales de la auto-organización, que se interpreta como una prueba de que el orden puede surgir a partir del desorden. Esta afirmación tiene sentido pero requiere algunos matices. En primer lugar se debe advertir que el desorden total, en forma de caos absoluto, no existe, y en segundo lugar, y es una consecuencia de lo anterior, que el nacimiento de orden a partir de desorden indica una transición entre estados físicos que poseen diferente estados de orden y organización. Por otra parte, los fenómenos de auto-organización ponen de relieve la cooperatividad entre los componentes de la materia y, por tanto, la existencia de tendencias hacia la formación de pautas organizadas" (10). Aquí tenemos una respuesta a algunas de las interrogantes precedentes. Algo similar ocurre en el orden o nivel de los seres vivos. Es claro que existen leyes que rigen el universo.

Más difícil es explicar o demostrar que del caos pueda resultar el orden que su contrario, pues en razón del mismo caos, es de suponerse que no habiendo ningún tipo de leyes o normas, ni regularidad y cierta continuidad en toda clase de eventos o sucesos, tenga primacía el desorden, la aleatoriedad y contingencia. Con esto también estarían ausentes la constancia, la finalidad y la consistencia, etc. Resulta más entendible, más lógico y probable, que alguien o algo pudiese introducir o provocar el caos donde hubiera orden; pero, ni el caos ni el orden parecen tener su origen uno en el otro, antes bien, la existencia de uno exige, supone la negación o inexistencia del otro. Es posible que al principio, todo lo que existe, estuviera contenido en una materia o energía que tuviese, potencialmente en sí misma, mil y mil posibilidades de combinarse, expandirse, desarrollarse y superarse produciendo un sinnúmero de efectos, tales que sucesivamente se fuese auto-perfeccionando, mostrando así algunas de su inacabables facetas, en un "caos aparente" hasta lograr estabilizarse, consiguiendo un determinado "orden", que finalmente diese por resultado (entre infinitas posibilidades....), este universo que desde hace millares o millones de años de años existe, y a la vez admiramos, es objeto de nuestra investigación y conocimiento.

Tanto la experiencia como la ciencia, han probado incontables veces y niveles o estratos diferentes: la existencia del orden, de la causalidad y de la finalidad. La regularidad e igualdad que la Naturaleza ha mostrado en multitud de diversos eventos o sucesos, ponen a la luz lo que bien podría llamarse "pluri-dependencia" o interacción y relación mutua de unos seres con otros. Seres de distinta naturaleza que integran este universo, dejan ver en su comportamiento no una sino muchas finalidades u objetivos que son perfectamente compatibles entre sí, al grado de poder afirmarse que muchos de ellos están concatenados. Para ello, baste pensar en la gran cantidad y variedad de fenómenos que continúan efectuándose dentro del sistema solar, también en el macro-mundo y el micro-mundo. "La multiplicación de factores, tanto energéticos como materiales, que interactúan en el sistema, es tanta que surgen nuevos fenómenos, nuevas leyes de la materia y nuevas probabilidades de configuraciones. La naturaleza aparece entonces como un derroche de imaginación creadora, abriendo continuamente caminos nuevos a partir de bifurcaciones posibles que se realizan efectivamente" (11).

Unos pocos ejemplos que pueden ilustrar lo arriba dicho. Nos encontramos con que: los átomos solamente se combinan en función de la valencia para formar la molécula y no lo hacen de manera arbitraria, lo que significa que hay un orden y condiciones para la conformación de las moléculas. "Los átomos se unen químicamente entre sí para formar moléculas. En algunos casos las moléculas no poseen sino un solo átomo, pero generalmente resultan de la unión de dos o más" (12). Otro ejemplo lo encontramos en la primera Ley de Newton, que respecto de la inercia dice: "un cuerpo tiende a mantener su estado de reposo o de movimiento rectilíneo uniforme, a menos que intervenga alguna fuerza motriz que modifique tal estado" (13). El estado de reposo o de movimiento de un objeto solamente es modificable por otro.

En el nivel biológico, entre muchos ejemplos, tenemos que: es constante y determinado el número de cromosomas que constituyen el cariotipo entre los vegetales y los animales, y siendo diferente o variable el número cromosomas según distintas especies, siempre son 46 en el ser humano. En otro nivel, veamos algo muy sabido que ocurre con la Luna, que invariablemente nos muestra igual rostro, y la razón es que: "tarda en dar una vuelta sobre sí misma justamente el mismo tiempo que tarda en dar una vuelta alrededor de la Tierra, por lo que siempre vemos la misma cara" (14). Además, nuestro satélite natural, describe la misma órbita elíptica desde hace millones de años...

Estos fenómenos naturales y tantos otros, son objeto de estudio de la Física, la Química, la Biología, la Astronomía y las Matemáticas, y otras ciencias, nos dan muestras de la existencia de un mínimo de *orden* en nuestro universo, en diferentes niveles del ser, y siempre en el orden de la materia. "La ciencia experimental sigue su propio método de trabajo, y ni siquiera se plantea las dimensiones espirituales, a las que le método no llega, ni puede plantearlas, y menos aún resolverlas" (15). Y más en concreto, por lo que al evolucionismo se refiere, debe tenerse en cuenta que: "Las ciencias que versan sobre la evolución presentan una dificultad especial a la hora de establecer niveles de certeza. De modo distinto a la física y a la química, que pueden ser verificadas a través de una experimentación controlada de laboratorio, las ciencias de la evolución son esencialmente históricas" (16).

Por el momento queda claro que en los seres irracionales, a nivel físico, químico y biológico, se pueden prever y anticipar muchas de sus acciones y reacciones, porque está sometido a leyes de esa índole también. Sin embargo, en múltiples ocasiones, existen acciones y reacciones que no pueden conocerse anticipadamente porque aún el mismo individuo ni siquiera sabe con lo que se va a topar, en qué circunstancias podrá encontrase en un momento dado. Esto nos lleva a concluir que allí hay un campo o un margen de "libertad" en su comportamiento (hay un rango de la conducta en el ser humano que es "impredecible"…), ya que continuamente se le presentan "opciones"; es algo que no ocurre en los seres de niveles inferiores por estar totalmente sujetos leyes que indefectiblemente rigen la materia, según la esencia o modo de ser (naturaleza) de cada cual. El hombre, en el nivel u orden puramente material, está compuesto de diferentes elementos de orden físico-químico y biológico, y por lo mismo queda sometido a esas leyes, sin embargo, hay "algo más" que sólo materia y vida vegetal y animal… La materia tiene un comportamiento generalmente predecible, fijo, lo mismo en el nivel de los seres inertes que vivos, pues son corpóreos y por ello actúan conforme a leyes físicas, químicas y biológicas determinadas.

En el ser humano, sin embargo, incontables veces actúa saliéndose de determinados patrones de conducta, muestra comportamientos que rebasan las leyes de esos mismos ingredientes materiales que le integran. Podemos considerar como ejemplos, además de la capacidad de conocer o entender, otras más como son: las posibilidades de decidir y elegir, de resolver lo imprevisto, etc., hechos que no responden a la rigidez de la sola materia, sino a algo muy diferente: al espíritu. "Por el contrario, el resto de los seres biológicos dependen en mayor grado de la herencia genética en sus adaptaciones; mayor eficacia inmediata pero también, pero, también, dependencias sin flexibilidad. Tiene alas para volar, pero no pueden cambiar el ala por una mano o por una aleta si conviniera. El ser humano, pues, depende de ese conocimiento circulante en el grupo –en la sociedad– para hacer viables sus crías y sacar partido de las potencialidades cerebrales" (17).

A estas alturas, pudiera parecer que lo expuesto en páginas anteriores, tiene poca o ninguna relación o ninguna con el tema que trataremos: lo referente al vacío de lo real. Es un asunto de mucha relevancia. Importa mucho dejar claro también, que no son lo mismo el vacío físico y el vacío metafísico u ontológico. El primero, establece unas condiciones físico-químicas (materiales) para que se dé, y sin embargo en ese "vacío" existen partículas de materia o energía (microscópica), de ínfima magnitud; mientras que el "vacío ontológico" (la nada, ausencia absoluta de ser) no puede experimentar o efectuarse, porque para ello sería necesario aniquilar el ser, conseguir que dejase de existir todo cuanto es.

El vacío material (físico) puede ser conseguido en un laboratorio adecuado e incluso repetirse de propósito incontables veces, si dispone de los medios necesarios y se cumplen o reúnen determinadas condiciones. En cambio el vacío ontológico, es imposible efectuarlo, por la simple y sencilla razón de que no hay laboratorio ni fuerza o inteligencia alguna, que pueda aniquilar o reducir el ser a la nada. De otra parte, todas las ciencias trabajan, operan y tienen como objeto de estudio lo que es (seres inertes y seres vivos: la realidad). Por lo mismo tampoco puede existir una "ciencia de la nada", pues entonces: ¿que estudiaría? Es imposible y absurdo conocer la nada. El fenómeno del vacío es parcial y relativo, y tiene lugar exclusivamente en el orden material. El hombre podría experimentalmente llegar a desintegrar la materia o los cuerpos en sus partes mínimas o elementos ínfimos que lo integran, pero no su aniquilamiento, "hacerlas nada", como tampoco volver a traerlas al ser o "devolverles" la existencia. El hombre transforma o modifica lo que ya es, pero no obtiene algo a partir de la nada. No se trata aquí de un juego de prestidigitación ni de ilusionismo. Las ciencias experimentales han de reconocer su impotencia, y decir que no pueden logarlo, pues "experimentar es disponer adecuadamente las causas para la aparición de un fenómeno" (18). El fenómeno de el "inicio del ser" no es experimentable, ya que no es posible que alguien pueda "reproducir" o repetir las condiciones en que el ser tuvo inicio, debido a la vez a que es imposible fabricar el "vacío ontológico". No parece que hoy pueda contarse ni con el conocimiento ni las herramientas para llevar a efecto ambas posibilidades; y en caso de hacerlo ¿quién y cómo capaz de "producir" el ser?..., porque de la nada, nada se puede hacer ni obtener. Y de atenerse al principio según el cual, la materia no se crea ni se destruye sino solo se transforma, ella tampoco podría aniquilarse; de donde lo más fácil es pensar que es eterna... Pero si aplicamos otro principio tomado de la realidad, que afirma que todo efecto tiene una causa, volvemos a buscar "la cuadratura al círculo".

En consecuencia, las ciencias experimentales no están capacitadas para decir de modo contundente: esto no puede hacerse o aquello otro no puede haber sucedido, porque no es experimentable, es decir, no es algo verificable o comprobable en nuestros laboratorios. En todo caso, podemos concluir que concluir que ésta o esa ciencia, no puede "reproducir" tal o cual fenómeno o acontecimiento. No sería descabellado pensar que el universo no es en sí mismo un inmenso laboratorio, sino la más amplia realidad donde, de modo "natural", tienen lugar miles y miles de acontecimientos y fenómenos de índole variadísima, mismos que producen diversos cambios y modificaciones en que participan los propios seres que integran la Naturaleza; mostrando todo ello a su vez, una serie de causas y efectos estrechamente relacionados, haciendo patente una dependencia mutua. Es en los múltiples y diferentes laboratorios de las ciencias experimentales donde se "re-producen" de modo artificial (intencionadamente), lo que en la realidad sucede de manera natural y espontánea. A fin de cuentas, en ellos se fabrican o reproducen las condiciones, circunstancias y elementos, etc., que hacen posible la repetición de los hechos y fenómenos naturales, principalmente para mejor conocer la Naturaleza, de la que obviamente los hombres formamos parte. Hay decir también, que hasta hora, no todos los fenómenos naturales han sido o son plenamente conocidos y reproducidos.

"Ciertamente existen leyes en la naturaleza y los científicos trabajan por conocerlas, con éxito creciente. En este sentido no se trata de "sustituir" las explicaciones científicas o las leyes naturales por la acción divina. La naturaleza tienen una autonomía propia: la experiencia ordinaria lo atestigua y la ciencia lo corrobora (…). Nadie que esté en su sano juicio pondrá la acción divina en el mismo nivel que la acción de las piedras o los electrones. El problema consiste en que las leyes naturales, sobre todo si se trata de una coordinación específica, dentro de un programa de conjunto, parecen exigir un autor. La programación reclama un programador" (19). Podríamos más brevemente decir, en esta misma línea, que si el mundo (universo) es inteligible, debe haberlo diseñado y producido un ser inteligente.

Para terminar este apartado, diremos que en cierta medida es aplicable el ejemplo al origen del mundo y al origen de las especies, particularmente al hombre. "Con demasiada frecuencia, al tratar sobre el evolucionismo se considera a Dios y a las criaturas como causas que compiten en el mismo nivel, ignorando la distinción entre la Causa Primera, que es causa de todo el ser de todo cuanto existe, y las causas segundas creadas, que actúan sobre algo que preexiste y lo modifican, necesitando del constante concurso de la Causa Primera para existir y actuar en todo momento. En tal caso, cuando se ignora esta distinción, se plantea la disyuntiva: o Dios o las causas naturales. (…) la causalidad creada es compatible con la acción divina e incluso la exige como su fundamento último" (20). Esto nos lleva a pensar que los mismos seres creados por Dios actúan como causa segundas de maneras muy distintas, según su naturaleza y capacidad, conforme a un plan previsto o querido por la Causa Primera, que es Dios. La resultante es que solamente puede haber una Primera Causa (de todo), mientras que las demás causas (causas segundas) son innumerables, por lo que de no existir una causa Primera, las otras tampoco tendrían entidad, y no producirían efecto alguno. Existiendo los efectos y sus causas (segundas), es imprescindible la existencia de una causa Primera (21).

Cerramos este apartado volviendo al tema de la religión que antes mencionamos como un actividad innata del ser humano, nada común ni excepcional en ningún ser irracional. Y no es ésta una actividad del hombre primitivo, también en el siglo XXI seguimos los hombres mostrando la religiosidad. "En última instancia esto es algo conocido por todos los pueblos. En todas las culturas los relatos de la Creación han surgido para expresar que el universo existe para el culto, para la glorificación de Dios. Esta coincidencia de las culturas en las cuestiones más profundas de la humanidad es algo muy valioso" (22). Pensamos que el hecho mismo de que no exista una sola religión sino varias, es un síntoma de la búsqueda del hombre de encontrar un por qué y para qué de todo lo que existe, reconociendo en cierta manera un Ser Superior, pero aún en los casos en que se ha dado igual categoría a diferentes divinidades, se muestra la aceptación de la intervención de Otro u otros seres en la existencia del universo donde el hombre nunca se ha sentido solo.

## Capitulo II

(1)  Frost, S. E., *"Enseñanzas básicas de los grandes filósofos"*, Diana, México 2005, p. 1

(2)  El "atomismo" es una escuela o corriente filosófica de las más antiguas (probablemente iniciada en el siglo VI a. C.), entre quienes destaca Demócrito y Leucipo, quienes sostienen que la materia —de lo que todo está hecho—, está formada de partículas pequeñísimas e invisibles a las que denominan átomos, lo cuales se mueven en un espacio vacío, y dicho movimiento es fundamentalmente de carácter mecánico. Modernamente, se conciben los átomos como elementos minúsculos integrados por partículas básicas más pequeñas (moléculas) como son: los protones, electrones y protones; y los átomos en ocasiones se conservan sin cambio alguno mientras que otras veces sufren alteraciones en su composición química.

Para una perspectiva filosófica del tema, pueden consultarse en el llamado "período pre-socrático", se pueden consultar, por ejemplo: Aristóteles, *Metafísica*, lib. I y XI; Reale, G., Antiseri, D., *Historia del pensamiento filosófico y científico*, Ed. Herder, t. I, Barcelona 1991, pp. 37-71; García Morente, Manuel *"Lecciones preliminares de Filosofía"*, Ed. Porrúa, México 2005, pp. 46-64; Frost, S.E., op. cit., pp. 1-15; Hirschberger, Johannes, *Historia de la Filosofía*, t. I, Ed. Herder, Barcelona, 1959, pp.11-33; Marías, Julián, *Historia de la Filosofía*, Alianza Editorial, Madrid 1985, pp. 11-33).

Pasando al período de la Filosofía Moderna y posterior, mencionamos principalmente a F. Hegel, a K. Marx y L. Fehuerbach (ss. XVIII-XIX), autores del idealismo y materialismo moderno. (Vid. Marías, Julián, *"Historia de la Filosofía"*, op. cit. 306-319; Gambra, Rafael, *"Historia sencilla de la Filosofía*, MiNos, México, 1992 pp. 245-255"; Bochenski, I.M., *La filosofía actual*, FCE, México, 1975, pp. 83-92; Hirschberger, J., op. cit., t. II (1960), pp. 267-285).

(3)  Sto. Tomás de Aquino, *Suma contra gentiles*, II, c. 73

(4)  López Ibor, J. José; *"Fe, razón y psiquiatría"*, Litúrgica española, Barcelona, 1958 p. 106 (Autores varios).

(5)  Choza, Jacinto, *"Manual de Antropología Filosófica"*, Madrid 1988, p. 26

(6) *Artigas, M., y Turbón, D.*, op. cit., *p. 109*

(7) Barrio, J.M., op. cit., p. 52

(8) Choza, Jacinto, op. cit., p. 50

(9) Miroslaw, K, "*Orden natural y persona humana*", EUNSA, Pamplona 2000, p. 173

(10) Ibid. p. 103

(11) Choza, Jacinto, op. cit., p. 52

(12) A.V., op. cit., p.141.

(13) Ibid. p. 10

(14) Moreno, Ricardo, "*Historia breve del universo*", Ed. Rialp, Madrid 1998, cit. p. 65

(15) Artigas, M., y Turbón, D., op. cit., p. 26

(16) Stenson, J.B., op. cit., pp. 18-19

(17) Artigas. M., y Turbón, D., op. cit., pp. 35-36

(18) A.V., op. cit., p. 11 (Cfr. Aristóteles, op. cit., lib. V cap. 2)

(19) Artigas, Mariano, "*Ciencia y Fe*", eunsa, Pamplona 1992, p. 111

(20) Artigas, M. y Turbón, D., op. cit., p. 81

(21) Según Aristóteles: "Se llama causa ya a la materia de que una cosa se hace ( . . .); ya la forma y el modelo, así como sus géneros, es decir la noción de esencia ( . . .). También se llama causa al primer principio del cambio o del reposo ( . . .). La causa es también el fin, y entiendo por esto aquello en vista de lo que se hace una cosa ( . . .). Por último, se llaman causa todos los intermedios entre el motor y el objeto. ( . . .) "*Metafísica*", lib. V, cap. 2

(22) Ratzinger, Joseph; "*Creación y pecado*", EUNSA Pamplona, 1992, p. 52

# CAPITULO III

# VIDA Y EVOLUCIONISMO

## 1. El Cambio y lo permanente

E l cambio es algo innegable, es como una constante en nuestro universo. Esa continua transformación de las cosas, de la multitud de seres o entes que forman parte del universo, ha propiciado la aparición y desaparición de toda clase de seres, así inertes como vivos, de una gran variedad de especies o linajes y de variable duración o permanencia en nuestro planeta y fuera de él, en nuestra galaxia y más allá, ateniéndonos a los parámetros y categoría e inventadas y aplicadas por los hombres. Pero limitándonos a nuestro género, estirpe o linaje, es decir, al ser humano, es preciso que prestemos especial atención a nuestro mundo, a nuestro entorno, sin olvidar que el hombre ("homo sapiens") no es algo surgido de la nada, pues tiene unos orígenes o antecedentes como poblador del planeta Tierra, que es el punto central de nuestra atención.

Por lo que toca al cambio o movimiento que experimenta de manera constante la naturaleza, como por ejemplo: el sol sale y se pone todos los días, incesantemente los ríos conducen sus aguas a la mar, las crisálidas se vuelven mariposas y las nubes son movidas por el viento, mientras que las aves no dejan de volar ni los peces de nadar..., así como también a diario mueren y nacen millares y millares de individuos, etc. Pero no todos los cambios son de la misma índole, como queda claro y salta a la vista: uno es el cambio o transformación que ocurre en un trozo de madera que al contacto con el fuego arde y luego se convierte en ceniza; y otro muy distinto es el caso de un embrión de lobo, que desde el principio es un embrión de lobo y no será otra cosa que lobo, a pesar de los cambios que experimente a lo largo de su existencia; y de modo semejante y diferente a la vez: una semilla de calabaza sólo producirá otra calabaza, simple y llanamente. En estos casos cabe un crecimiento y maduración por medio de la respectiva nutrición, con la posibilidad de engendrar otros seres iguales a ellos...; pero los cambios sufridos en cada caso, "respetan" la condición o naturaleza de cada individuo (según su especie o naturaleza), ya como madera, como fuego, o como lobos y calabaza etc.

Es de notar que a pesar del cambio o junto con él siempre hay algo que permanece: el individuo. El cambio y la permanencia son fenómenos reales, solo se excluyen cuando algo no puede cambiar y permanecer inmóvil simultáneamente, en un mismo aspecto. Por eso decimos, vulgarmente hablando, que las cosas cambian. Y es que realmente sufren modificaciones, aunque en algunos casos dentro de su propia especie o naturaleza, como son los ejemplos arriba mencionados del lobo y de la calabaza; en cambio en otros, como en el ejemplo de la madera, ésta da origen a otra sustancia diferente que es la ceniza, debido a la combustión y por eso desparece totalmente como tal. En los ejemplos del lobo y la calabaza, hablamos de cambios accidentales (accesorios o secundarios), puesto que permanece el mismo sujeto o individuo; mientras que en el caso de la madera, se opera un cambio sustancial o esencial, porque surge un nuevo sujeto (algo) completamente diferente del primero, es decir, la ceniza a partir de la madera, y ambas sustancias con características, cualidades o propiedades distintas.

De modo similar puede decirse que cada persona, cada uno de nosotros somos la misma personas desde que fuimos concebidos, nacimos y hemos venido haciendo mil y mil cosas tan variadas como: comer, dormir, bailar, estudiar, jugar o sanar y enfermar, etc., pasando así desde la infancia o la niñez a la adolescencia hasta la senectud, y no obstante continuamos siendo la misma persona. También aquí se dan alternadamente la permanencia y el cambio. Cambiamos de color de piel, de peso y estatura, padecemos alguna enfermedad, viajamos, aprendemos y olvidamos..., pero cada quien es quien es. El cambio o el movimiento se da igualmente entre los seres inertes que en los vivos, uno de orden físico-químico y el otro de orden biológico; pero éste segundo tipo o clase de cambio, exige, presupone el primero, pues el ente vivo además de ser corpóreo, material, es más complejo y perfecto. El principio vital o de animación, "es aquello por lo que primeramente vivimos, sentimos, nos movemos y entendemos" (1).

## 2. La vida y el movimiento.

No podemos pasar por alto tampoco algunas nociones respecto del ser vivo, ya que por naturaleza o por definición, el hombre es un ser que vive, siente, piensa y actúa según su modo de sentir y de pensar. El ser humano no es un tipo de roca o una determinada clase de mineral y ni un conjunto de ellos. Tampoco es uno más de los elementos químicos o la suma y combinación de algunos de ellos, al modo como el agua es el resultado de una mezcla debidamente proporcionada de oxigeno e hidrógeno, etc. De hecho, en la composición de multitud de seres inertes están presentes uno, dos, cinco o más elementos de la "tabla periódica" de Mendeleiev, y no por eso constituyen un ser vivo. La vida es algo más que pura materia y estructuración u organización de ella. No obstante, todo ente vivo en nuestro mundo, tiene cuerpo. "Las partes que componen al ser vivo no son homogéneas como en los inertes, pues sus partes poseen características semejantes (todas las partes de una roca son iguales). Los seres vivos, "son sujetos claramente diferenciados de otros, que poseen partes organizadas de modo cooperativo de un organismo que tiene sus propias necesidades, metas y tendencias. El dinamismo propio de los vivientes incluye la actividad de las diferentes partes que cooperan en la realización de las metas del viviente: esas partes realizan funciones que se integran de un modo unitario, cooperando en el mantenimiento, desarrollo y reproducción del organismo" (2).

Los seres vivos pertenecen necesariamente a un género o especie, según del tipo de clasificación que se emplee, considerando unas determinadas referencias. La aplicación de esos parámetros necesariamente arroja ciertas semejanzas y diferencias, lógicas y reales a la vez. No existe algo que, por su individualidad y características propias, sea tan diferente del resto, que nada tenga en común con ellos; como es igualmente falso que, todo es uno y lo mismo. Un dato y un hecho aceptado comúnmente para incluir a un ser materia en el estrato de los seres vivos, es "la identidad formal inicial (el programa) no es una mera posibilidad ni un ente de razón, porque en lo que se considera el inicio cronológico de un viviente o de los vivientes en general, el viviente es posible si puede hacerse, si puede construirse realmente, desde sí mismo y por sí mismo, y resulta únicamente si ese sí mismo es real" (3).

Queremos decir con esto, por ejemplo, que aún tratándose de categorías biológicas (que generalmente presuponen elementos físico-químicos entre los que sedan algunas diferencias), que no todos los seres vivos son iguales, y por ello distinguimos (según igualdades y diferencias reales) entre: vegetales y animales. Por estos motivos, no causa extrañeza separar o distinguir entre seres inertes o inanimados y seres vivos. Además, para un mejor conocimiento de la multiplicidad y variedades de seres, generalmente se establecen divisiones y subdivisiones, también basados en algunos criterios concretos que pueden referirse a características o propiedades propias, que les diferencia de otros con los que tienen también elementos en común, etc. "La biología actual establece la división plantas/animales en función de la autotrofia o la heterotrofia (…), entre los vivientes heterótrofos es donde aparece un subsistema de información-comunicación autónomo y diferenciado de los demás subsistemas que presenta diferencias relevantes a lo largo de la escala zoológica: es el conjunto de exteroceptores" (4). Esta es una pauta que hace posible o facilita identificar y diferenciar a individuos y a grupos o colectividades, y a la vez que permite hablar de: de aves o de peces, de animales vertebrados o invertebrados, ovíparos vivíparos…, y un largo etc.

Generalmente, entre los seres vivos y los inertes hay pequeñas y grandes diferencias. Existe un "principio vital" que les organiza de manera tal, que son capaces "auto-movimiento", o sea, se trata de un principio intrínseco que permite y hace posible al ser vivo: nutrirse, fecundarse (nivel vegetativo); tratándose de animales, hay que añadir: la locomoción o posibilidad de desplazarse, y el conocimiento sensitivo (sensibilidad); mas en el caso del ser humano, además de las propiedades o características anteriores, cuenta con la capacidad de querer y de entender (conocer), y por ello, de obrar libremente. "El movimiento es un hecho que afecta a todo ser material; pero ese movimiento puede proceder de otro ser (un agente que impulsa a la "cosa movida"); o bien puede proceder de un principio intrínseco (automovimiento), algo que pertenece al propio modo de ser (*modus essendi*) del individuo. Podemos decir que vivir es, en primer lugar moverse a sí mismo: lo vivo es aquello que tiene dentro de sí mismo el principio de su movimiento, lo que se mueve "solo" es decir, sin necesidad de un agente externo que lo impulse" (5).

Al hablar de la automoción (movimiento propio a partir de sí mismo), no nos referimos, pues, a la translación o cambio de lugar, sino sobre todo a la capacidad intrínseca del ser vivo que le permite desde sí mismo llevar a cabo lo que le es propio, o sea, a la capacidad que le es inherente de obrar y hacer por sí mismo y desde sí mismo, lo necesario para alcanzar sus fines individuales y específicos (los propios y los de su estirpe o naturaleza), como por ejemplo: conservar la vida, nutrirse y madurar o perfeccionarse y reproducirse, e igualmente moverse y sentir, conforme a su naturaleza. Obviamente en los seres inertes no poseen ninguna de esas cualidades arriba mencionadas.

En resumen, el cambio no es en sí mismo y tampoco es absoluto, como si se tratarse una cosa o un ser concreto y determinado como cualquier otro, pues el cambio o movimiento (físico y metafísico) es algo que se da "en" los seres o ellos lo producen. La permanencia o inmovilidad tampoco es absoluta en lo seres, pero es tan real como el cambio, porque tiene como sustento al mismo sujeto o individuo en el que se lleva a efecto el cambio o modificación. El cambio y la permanencia se encuentran en los seres, en aquello que es o existe, por lo que no puede decirse que sean dos clases o tipos de ser, sino más bien afecciones de los seres (entes), cualesquiera que sea su naturaleza. Y por lo que a la vida se refiere, ésta es se presenta como un "plus" en la materia, algo real en algunos entes corpóreos puesto que no todo ser material es un ser viviente. "Los físicos admiten varios tipos de fuerza o varios tipos de energía. Entre ellas se encuentra la que llaman energía nuclear que opera para distancias inferiores a (inferiores a una milbillonésima parte de un metro); (...) la fuerza gravitatoria (...) y la energía electromagnética, que opera también para distancias comprendidas entre 10-15m. e infinito. A este último tipo pertenece la energía físico-química, que se utiliza para la construcción de los seres vivos (...). Hay que admitir una energía no-física en el viviente, para explicar que su sí mismo, su "interioridad" o su "programa" crezca y se despliegue a expensas de la energía física" (6).

Pero como los vivientes requieren de energía en un orden físico-químico, tanto para su conformación como para vivir, y justamente como una manifestación de vida está en realizar operaciones que son incapaces los seres interés, bien puede hablarse de otro tipo de energía (no física), aunque y estos dos niveles de seres se encuentran en estrecha dependencia. La diferencia la marca en el modo como el ser vivo "usa" o dispone de la materia inerte (energía), de la que no puede prescindir. "Se puede decir que la energía psíquica" y la físico-química se articulan de tal manera que la fuente de cada una, nunca es la otra. ¿Significa esto que mientras más reflexiva sea una actividad más inmediatamente impotente es en el orden físico material? Efectivamente significa eso..." (7).

## 3. Evolución y evolucionismo.

Debemos señalar al respecto que: "la evolución no la "descubrió Darwin", como enseñan equivocadamente algunos textos escolares. Buffon, conocido sabio francés, sostenía en sus escrito de 1766 que unos animales proceden de otros distintos. Y Erasmus Darwin –naturalista y filósofo, abuelo de Charles Darwin– presenta en 1796 la misma hipótesis, atribuyendo a Dios –a quien llama la Gran causa Primera– el origen y la dirección de eso que ahora entendemos por evolución" (8). Como antes mencionamos, desde los filósofos de la antigua Grecia hasta nuestros días, aunque evidentemente con un tenor diferente, y sin disponer de los medios con que hoy cuenta la ciencia, sobre todo a partir del siglo XVI, con posterioridad Darwin se ha escrito y publicado mucho papel entintado, de especialistas y amateurs.

Es evidente que no todas las teorías y soluciones propuestas ofrecidas en estos últimos siglos tienen el mismo valor, su respaldo o fuerza de verdad es más o menos confiable, entre otras cosas porque la ciencia con los primeros filósofos se estaba gestando. También entre quienes sostienen la realidad del evolucionismo y la selección natural, aunque hasta cierto punto la cultura permite al hombre controlar su evolución, hoy como ayer existen disensiones: "Algunos enfrentamientos fueron notorios; otros pasaron desapercibidos, como el que mantuvieron, por correspondencia, los codescubridores de los efectos de la selección natural, Wallace y Darwin. El primero disputó siempre al segundo que el intelecto humano fuera un mero producto de la selección natural" (9).

Hoy en día, habiendo pasado mucho tiempo desde los primeros escritos de Ch. Darwin, se dispone de mayores y más serios conocimientos científicos, además de que algunas ciencias se han diversificado en el estudio de la realidad y del hombre mismo. Igualmente ahora se cuenta con más medios técnicos que entonces, motivo por el que muchos aspectos de la realidad son mejor conocidos, otros no, y por esta razón existen algunas teorías que ofrecen explicaciones diferentes del mismo objeto de estudio. De entre éstas, unas son más congruentes, otras son similares en los planteamientos o en las conclusiones. "La vida libre que protagoniza cada individuo de la especie *Homo sapiens sapiens* y la capacidad de pensar y amar, que la posibilitan, invitan a preguntarse por qué el hombre es el ser más individual del universo. ¿Por qué los seres humanos y sólo ellos poseen ese valor incalculable que llamamos dignidad y según el cual cada uno es irremplazable e insustituible? Esa asimetría de las relaciones entre individuo y especie que presenta el ser humano frente a las demás especies animales es el inicio de una búsqueda decisiva" (10).

Actualmente el nivel de "sabiduría" es mayor cualitativa y cuantitativamente en comparación a siglos pasados, esto es, en extensión y en profundidad, lo que no significa que lo "anterior" (todo) fuese falso o ahora inservible, etc., pues en última instancia el saber es acumulativo, además de que el mismo avance científico permite u obliga a desechar ciertas teorías que se han demostrado falsas o poseían una validez condicional.

También ocurre, sobre el tema que nos ocupa, que algunas personas escépticas, con palabras rebuscadas o exceso de tecnicismos y acaso un tanto alambicados, aportando realmente poco, más que esclarecer los problemas parece que los complican sin dar una adecuada solución. "Los hallazgos de fósiles no hablan. Deben ser interpretados y, por supuesto, los evolucionistas del finales del siglo (XIX), se tomaron en el uso de su imaginación, unas libertades mucho mayores que las que se tomarían los científicos hoy. La imagen del hombre paleolítico que ofrecieron (algunos científicos del sigo pasado) ha calado en la imaginación popular: se trata de una criatura peluda, muy cargada de espaldas, estúpida y feroz, hablando a gruñidos y viviendo en continua agresividad. Innumerables ilustraciones nos la han presentado de este modo y así se representa todavía hoy…" (11). Es de suponerse que de los fósiles poco puede deducirse sobre la vellosidad y apariencia de un individuo o de su grado de inteligencia, etc.

Es de lamentar que algunas personas de valía científica, desde el pedestal al que accedieron por méritos propios o fueron colocados por otros, hacen afirmaciones o afirmaciones que no son del todo verdaderas, que muchas veces responden a opiniones y prejuicios personales, o a consideraciones basadas en conveniencias y modas, pues la ciencia experimental tiene sus condicionamientos y límites propios, como es bien sabido. Así por ejemplo, no es lo mismo la opinión que A. Einstein tenía o pudo expresar acerca de una determinada pintura o del estilo del famoso pintor Picasso, que la opinión de éste artista podría exponer sobre la Teoría de la Relatividad… Una cosa es el arte y otra la ciencia, una cosa es una opinión o gusto por algo, y otra cosa es el saber científico. Ambas personas muy respetables y autoridades, competentes cada uno en su campo… La opinión no compromete la verdad sí, e incluso para opinar, hay que tener ciertos conocimientos y fundar la opinión, mientras que el gusto o agrado es… algo muy diferente. "El conocimiento científico (…) goza de niveles distintos y concomitantes de certeza. Algunas materias científicas se sabe que son de hecho ciertas, estos es, son ciertas sin lugar a dudas. Otras son conjeturas razonables generalmente aceptadas como verdaderas por los especialistas en la materia. Otras finalmente constituyen meras hipótesis de trabajo, todavía no comprobadas, pero que esperan serlo en un trabajo posterior" (12).

Es muy conveniente no perder de vista a qué hacemos referencia cuando hablamos de "evolucionismo", pues hay diferentes acepciones. Sobre este tema, copiamos algunas definiciones de "evolución", con enfoques distintos, una como: "Desarrollo de las cosas o de los organismos, por medio del cual pasan gradualmente de un estado a otro". Queda claro que únicamente se trata de un cambio gradual en los seres inertes y en los vivos. Sin embargo en otra definición, se refiere a un cambio constante y progresivo en todas las cosas y en todos los niveles, si consideramos la evolución como una: "doctrina que explica todos los fenómenos, cósmicos, físicos y mentales, por transformaciones sucesivas de una sola realidad primera, sometida a perpetuo movimiento intrínseco, en cuya virtud pasa de lo simple y homogéneo a lo compuesto y heterogéneo". Y una tercera, que se refiere a campo más restringido, el biológico: "Proceso continuo de la transformación de las especies a través de los cambios producidos en sucesivas generaciones" (13). Como es de notar, son muy diferentes los modos de entender y explicar la evolución, pero nos quedamos con las dos últimas, bien sea como una doctrina o en particular como la explicación de un proceso de transformación en las especies de los seres vivos (Darwin).

En el campo biológico, donde han sido más extensos los estudios sobre esta cuestión, encontramos otra manera de entender la evolución como: "un proceso por el cual los organismos cambian con el tiempo, de tal modo que los descendientes difieren de sus antepasados" (14). Aquí sobresalen dos elementos muy importantes; el primero consiste en que los cambios operados únicamente se realizan entre ascendientes y descendientes (mismas especies); y segundo, esos cambios se realizan en el transcurso del tiempo (no instantáneamente). Mas "con ocasión del centenario de la publicación de la obra de Darwin (*El origen de las especies)*, un grupo de científicos elaboró la siguiente: "Evolución" se define en términos generales como un proceso en el tiempo, irreversible, en una sola dirección que durante su curso genera innovación, diversidad y niveles más altos de organización" (15). Es necesario señalar ahora, que la teoría de Darwin se basa principalmente en cuatro puntos: "(1) la rápida multiplicación de las plantas y animales en la naturaleza, lo cual lleva a (2) una superpoblación de los sitios donde habitan los seres vivos, lo que (3) se traduce en una lucha por la existencia, en la cual (4) el más fuerte sobrevive y el más débil perece" (16).

No cabe duda que en buena medida, algunos de quienes se han dado a la tarea de llevar al público en general las teorías de Darwin, en una pretendida simplificación, no han favorecido ni a su autor ni a sus lectores, pues dejan ver que hacen pensar que en la mente de este científico, "la evolución" se presenta como algo unidireccional e irreversible, la cual se inicia no con la especie humana sino que ésta es más bien uno de sus resultados. "Tendemos a concebir los organismos vivos, principalmente en términos de supervivencia y reproducción. Pero los procesos biológicos también proporcionan algunas de las grabaciones históricas más sensibles de la naturaleza. Esto puede ocurrir directamente, mediante la producción de capas de crecimiento que resulten útiles para almacenar información ambiental en una secuencia cronológica, o directamente mediante el aumento de depósitos inorgánicos. Por ejemplo, los sedimentos marinos proporcionan información de un mundo sin vida, pero las conchas de organismos marinos unicelulares, que embellecen esos sedimentos, les otorgan mayor valor como información" (17). Debido al tiempo en que vivió Darwin no pudo disponer de datos valiosos con lo que hoy se cuentan y porque sus medios de información para su teoría evolucionista eran más limitados.

Hemos de estar sobre aviso de que no son identificables, por ello no es lo mismo hablar de "evolución" y de "darwinismo". Con frecuencia, muchas personas los confunden y entienden el darwinismo como la explicación científica, desde la biología, que muestra el origen del hombre, cuando en realidad no es la "única" y tampoco la más convincente (18). Además de incompleta, existen datos científicos más recientes que desmienten algunos supuestos de la teoría darwiniana. La evolución, como cambios graduales dentro de las especies, es un hecho comprobado. Sin embargo es una hipótesis, no una teoría comprobada. "En efecto, es totalmente crédulo y cándido sostener que órganos complejos (…) no ponen de manifiesto una inteligencia ordenadora, sino que son simplemente el producto de una casualidad, ciega que, por supuesto, ni puede conocer el fin –ver– ni orientarse hacia él, ni explicar por qué todas las partes singulares del ojo se combinan y evolucionan hacia lo mismo" (19).

Pasando a un plano filosófico este término conlleva serias consecuencias, entre otras, la de considerar al ser humano como un ser irracional. "En esta evolución –Darwin–, incluye al hombre. El hombre ya no es criatura sino producto de la descendencia biológica; una especie animal más" (20). Y todavía en este mismo plano, hay otra noción mucho más amplia, al decir del evolucionismo que es: "una actitud mental ideológica que considera que el universo entero consta solamente de materia en estado de desarrollo, y que niega conscientemente la existencia de una realidad espiritual y sobrenatural; todos los fenómenos –científicos, históricos, económicos y sociales–, se explican en términos exclusivamente materiales" (21). Esta concepción arranca de una filosofía materialista, para la que cualquier tipo de cambio consecuentemente es solo material, incluso aquellos que tienen lugar en el extenso campo de las actividades en las que el hombre muestra su dominio sobre el mundo, mejor conocido como el campo de las humanidades.

Con todo, hay que reconocer los méritos del controvertido científico que despertó una gran inquietud por el origen de la especie o linaje humano. "Charles Darwin fue el primero en mostrar que las especies biológicas, incluido el hombre, no han aparecido ya formadas, sino que proceden, por transformación, de otras existentes, es decir, las especies no son inmutables. También fue el primero en plantear que la diversidad orgánica es una consecuencia de la adaptación a diversos ambientes (...). Sin embargo, la posibilidad de adaptación al entorno no es "la única causa real" de la evolución de las especies y mucho menos de su origen; y desde luego, no es la única causa real del origen del hombre. El éxito de la selección natural ha demostrado ser el mecanismo de optimización de las funciones y características de los individuos de las diferentes especies" (22).

Uno de los motivos por los periódicamente suele cobrar interés el tema del "evolucionismo" (asunto en el que indudablemente estamos incluidos todos los hombres), es el de reconocer los límites de la ciencia junto a la capacidad y alcance de sus aseveraciones. Y otro es: la "demostración" del origen del mundo a partir del "supuesto" de que es eterno como la materia, o por el contrario, si ha tenido un "principio". A continuación, habría que resolver y eliminar dudas también respecto del origen del hombre, porque es parte de este mundo, motivo suficiente e imprescindible, para dilucidar si es pura materia y ha evolucionado como el mundo, o no es únicamente materia evolucionada o revolucionada. Si el hombre no es solo materia, y se compone de materia y espíritu, habría que preguntarse también por la procedencia alma humana (espiritual), como ese otro elemento constitutivo completamente distinto de la materia. "El individuo de la población humana requiere de ciertos bienes para perpetuar la vida como eslabón entre el pasado y el futuro, que se pueden agrupar en tres grandes rubros: el orden material, el orden intelectual y el orden espiritual" (23).

"La actividad generativa tiene por finalidad la transmisión de sus características típicas de cada especie a través de cada uno o varios individuos. La transmisión de las características propias de la especie constituye la base sobre la cual pueden darse mutaciones que hacen posible la evolución de las especies. En cierto sentido a la generación se dirigen las dos operaciones y funciones, porque es más perfecta la operación según la cual es capaz de "replicarse" a sí mismo. De esta manera se mantiene en el ser la especie aunque el individuo en concreto desaparezca" (24). La generación, como es obvio, únicamente se realiza naturalmente entre los seres vivos, siendo uno de sus fines multiplicar los individuos específicamente, y éstos nacen y mueren mientras la especie continua, con cambios o sin ellos, pero de haberlos se presentan gradualmente, y es de tomarse en cuenta que las especies también se extinguen por muy diversas circunstancias. Lo que no ocurre es que de una todas las especies actuales y posibles, tengan el mismo y único origen (cualitativa y cuantitativamente), es decir, que de una sola se han formado todas cuantas existen y han existido; porque las características de las diversas especies muestran precisamente que existen diferencias que no admiten compatibilidades, pues de no ser así, ¿cuál es el fundamento de las múltiples y variadas especies de seres vivos?

Así las cosas, o realmente procedemos del simio o nuestro origen tendrá que estar no solo en la materia sino en algo inmaterial, espiritual. Decimos que el hombre no es una especie de "super-simio" o "mono desnudo", ni un animal sumamente evolucionado. Esto implicaría otras cuestiones, como la finalidad del mundo y del hombre mismo, rechazando por tanto todo tipo azar o una "Naturaleza inteligente" (materia), y la negación de toda realidad espiritual. De fondo no encontramos más que dos posiciones: una, la desconfianza en la ciencia misma concediéndole un carácter relativo a todo humano conocimiento, que niega la posibilidad de verdades absolutas; y otra, que admitiendo la posibilidad del error, afirma simultáneamente la posibilidad de adquirir conocimientos verdaderos con validez absoluta. Un ejemplo de esta segunda postura son las ciencias. En cualquier caso, es oportuno tener en cuenta que existen varios motivos (algunos enunciados anteriormente) que; "un católico puede dar su asentimiento cualificado a la evolución en sentido científico. Pero no puede darlo al evolucionismo materialista, que considera la progresiva evolución de los seres vivos como un puro efecto casual y ciego de las actividades moleculares y macroscópicas físico-químicas" (25).

## Capitulo III

(1)  Aristóteles, *"Sobre el alma"*, 415 b 13. (Anima)

(2)  García Cuadrado, José Ángel, *"Antropología Filosófica"*, EUNSA, Pamplona 2001, p. 44,

(3)  Choza, Jacinto, op. cit., p. 60

(4)  Choza, Jacinto, op.cit., p., 33

(5)  García Cuadrado, op, cit., p.43.

(6)  Choza, Jacinto, op. cit., p. 54

(7)  Choza, Jacinto, op. cit., p. 55

(8)  Palafox, Emilio, *"Evolución y darwinismo"*, Editora de Revistas, México 1989, p. 26

(9)  Artigas, M., y Turbón, D., op. cit., p. 35

(10) Ibid. pp. 116-117

(11) Stenson, J.B., op. cit., p.20

(12) Ibid. p. 10

(13) *"Diccionario de la Lengua Española"* (Real Academia Española, 2001, Madrid, edición 22ª). Las tres definiciones aludidas.

(14) Stenson, J. B., op. cit., p.12

(15) Ibid. p. 8

(16) *"Enciclopedia Barsa"*, México, 1985, T. 5

(17) González, G., y Richards, J.W., op. cit., p. 48

(18) Cfr. Palafox, E., op. cit., pp. 27-28

(19) Stenson, J.B., op. cit., p.13

(20) Hirschberger, J., op. cit, t. II, p. 319

(21) Stenson, J.B., op. cit., p. 13

(22) López Moratalla, N., op. cit., p. 16

(23) García Pimentel, Luis, *"La falacia del simio"*, Ediciones Populares, Guadalajara 1996, p.12.

(24) García Cuadrado, J.A., op. cit., p. 48

(25) Stenson, B., op. cit., p. 14

# CAPITULO IV
## HACIA LOS ORÍGENES

### 1. Elementos vitales

En los capítulos anteriores encontramos, entre otros elementos, suficientes datos para hacernos una idea de lo que en resumen muestra la conocida como teoría de Ch. Darwin, que sostiene que el hombre (*homo sapiens*) proviene mediante la evolución de la materia, concretamente de los primates, que son sus ancestros inmediatos. En adelante iremos haciendo una exposición de nuevos conocimientos científicos que nos conducen a concluir, que el linaje humano (el hombre de nuestros días), tiene su origen en seres que no eran irracionales y tampoco producto de la mera evolución de la materia. Como antes dijimos, esto hace suponer con suficiente fundamento que, el ser humano está integrado de materia y espíritu; y siendo la evolución algo innegable, tampoco representa la cúspide de ella.

Antes de seguir adelante no está de más recordar lo que significan una *hipótesis* y una *teoría*, toda vez que generalmente se habla de la "teoría de Darwin". Tenemos, pues, que por hipótesis se entiende: la "suposición de algo posible o imposible para sacar de ello una consecuencia"; asimismo se puede considerar como una "hipótesis de trabajo: la que se establece provisionalmente como base de una investigación que puede confirmar o negar la validez de aquella" (1). Aunque están claros sus significados, la hipótesis es una "suposición" no algo ya demostrado, un hecho incontrovertible, por lo que puede tomarse como punto de partida para luego demostrar algo. La diferencia está en que, "una teoría, es una explicación general de los hechos fundada en una hipótesis" (2). Para que una teoría sea verdadera, es necesario que la o las hipótesis hayan sido demostradas, en esto radica la validez de la teoría. Darwin se apoya en el hecho de la evolución, sin embargo no son suficientes las pruebas por él aportadas para concluir que el ser humano (*homo sapiens*) es un eslabón más de la cadena evolutiva. Anticipando conclusiones, diremos que es, en todo caso, un eslabón de otra cadena o el primer eslabón, pero no la continuidad de un "eslabón perdido"... Una tesis es una conclusión sustentada con razonamientos, pues no es algo evidente.

Disponemos ya de suficientes conocimientos de lo que son los cuerpos o materia inerte, algunos de sus componentes y ciertas formas de comportamiento, sirva de ejemplo algo muy conocido: que los átomos son partículas pequeñísima de materia integrados por: los protones, que poseen una carga eléctrica positiva; los electrones, de la misma magnitud que los protones pero con carga eléctrica negativa; y los neutrones, carentes de carga eléctrica, aunque con una masa ligeramente mayor a los protones (3). En otro plano, la molécula es la partícula más pequeña en la que puede dividirse una sustancia (material), sin que cambien sus propiedades esenciales, o sea, continúa siendo lo mismo.

También sabemos que la célula es la mínima expresión de un ser vivo, formando parte de su composición diversos elementos químicos, variando en cantidad y proporción, según la naturaleza del ente vivo, pero como en otro momento lo señalamos, el hidrógeno, el oxígeno, el carbono y el nitrógeno, son imprescindibles del todo. Mas hay que hacer notar lo siguiente: "No obstante, en nivel básico, la vida química debe estar en condiciones de transportar las construcciones para construir su progenie sobre una base atómica capaz de construir bloques. Estas instrucciones o plan general requieren, entre otras importantes cosas, una molécula compleja que sea el transportador. Esta molécula debe ser lo suficientemente estable para resistir significativas perturbaciones químicas y térmicas, pero no tan estable que no reaccione con otras moléculas a baja temperatura. En otras palabras debe ser *metaestable* (...). Desde este punto de vista, el carbono es excelente, pero el silicio se queda corto. Otros elementos ni siquiera entran en la competición" (4). Y en el carbono están incluidos los demás elementos básicos para la vida, además de que puede hacerse o producirse por la combinación de distintos tipos de átomos; es algo totalmente natural.

El ser viviente no es un simple aglomerado, una mezcla determinada de elementos físicos y químicos con cierta proporción y distribución. Se precisa algo más que un "coctel químico", como sabemos, de modo semejante a como una casa no es un montón de ladrillos amontonados sin sentido o un conjunto de escombros... "La vida descansa en la energía química para sus inmediatas necesidades metabólicas, y la producción de energía química se juega enteramente en el intercambio de electrones. La mayor parte de la energía es liberada cuando elementos localizados en los extremo de la tabla periódica intercambian electrones" (5). El viviente está constituido básicamente por: los *ácidos nucleicos* (DNA y RNA), que contienen y transmiten el "mensaje genético"; después los *aminoácidos,* formados por proteínas y enzimas, que serán los componentes y operadores que activan y dirigen diferentes fases del proceso de construcción del ser vivo (6).

## 2.  Los seres vivos

La vida es parte de la realidad de nuestro mundo debido por una serie de elementos y condiciones que la hacen posible, y debido a una serie de componentes físicos y químicos que se fueron definiendo o conformando, teniendo origen o formando parte de nuestra galaxia, la cual a su vez era parte integrante de otras mayores de las que se desprendió, y en la que se fueron dando múltiples cambios, durante millones de años, hasta reunir las convenientes y oportunas circunstancias para estructurarse como ahora la conocemos. "En el mundo científico, la evolución biológica representa la clave interpretativa de la historia de la vida en la tierra, el marco cultural de la biología moderna. Se considera que la vida en la tierra ha comenzado en un ambiente acuático, hará unos 3,5 - 4 mil millones de años, con seres unicelulares, los procariotas, desprovistos de verdadero núcleo. Estos seres se encuentran sin cambios largo tiempo, hasta hace dos mil millones de años cuando aparecen los primeros eucariotas (seres unicelulares con núcleo), en las aguas que cubrían el planeta. Los seres pluricelulares tardarían en llegar. Desde su aparición, hace mil millones de años, el ritmo evolutivo procederá todavía con lentitud y no de modo generalizado. Será en el período Cámbrico, hace unos 540–520 millones de años, cuando se desarrollarán casi de modo explosivo las principales clases vivientes" (7).

Los seres vivos tienen o presentan una serie de características que difieren de las correspondientes a los seres inertes en cuanto tales, pues éstos fundamentalmente son movidos, atraídos y repelidos por ciertas fuerza y energías, y se combinan según ciertas condiciones, circunstancias y proporciones dentro de un rango de posibilidades, a las que antes nos hemos referido (leyes). "Los niveles de organización de la naturaleza alcanzan su cumbre en el nivel biológico. Las relaciones de este nivel con el físico-químico son patentes, ya que éste último se encuentra en la base de los niveles superiores. Lo demuestran la propia ciencia de la biología, que se apoya en la física y la química. Sin embargo, el nivel biológico, se caracteriza, sobre todo, porque posee su propias leyes que incluyen fenómenos físico-químicos de un tipo particular y poseen una gran singularidad" (8). Los seres vivos tienen cuatro propiedades que no se dan en los seres inferiores: a) el automovimiento, b) la unidad, c) la organicidad, d) la inmanencia. El ser viviente puede moverse sin necesidad de recibir siempre un impulso externo o de otro agente, pues en sí mismo lleva la capacidad de dirigirse a lo que conviene a su naturaleza.

Todo ente vivo, posee una capacidad de *movimiento* ínsita, podría hablarse de especie "autodirección", pues sus movimientos y cambios no son puramente "pasivos", como consecuencia de algo recibido, tienen "actividad propia" por decirlo de alguna manera. Se trata de un *automovimiento* que procede de un principio intrínseco, como una "inclinación natural". *La unidad* es la cohesión interna entre sus partes, con fuerte una individualidad y individualidad, aunque en diferentes grados (según el tipo de vida). La *organicidad* responde precisamente a la organización de sus partes, que no son todas iguales (como, por ejemplo en los minerales), sino que forman un organismo claramente diferenciado de los demás, con actividades, funciones, necesidades y objetivos propios, todas ellas cooperando a la conservación, desarrollo y reproducción. Por último, la *inmanencia,* considerada como el conjunto de operaciones que le perfeccionan a sí mismo, o sea, al sujeto viviente, como si fuese su propio fin (9).

## 3. Funciones vitales

"Dos puntos claves aparecen ahora en una explicación del proceso evolutivo y pienso que se encaminan hacia una nueva síntesis. En primer lugar la razón de la diferencia entre la organización de los materiales en el mundo inerte y vivo, siguiendo las mismas leyes que pautan el camino de lo simple a lo complejo. En el cosmos cada astro sigue una trayectoria fija respecto de otro astro de acuerdo con las leyes gravitacionales universales, que hacen relación al tamaño de ambos componentes y la distancia entre ellos y no a la composición de los mismos. En el mundo cósmico de los seres inertes, la materia y la forma –configuración, conformación, trayectoria, etc.–no se corresponden unívocamente; unos mismos materiales se estructuran de formas diferentes según las condiciones externas. Por el contrario, hasta el ser vivo más simple tiene en *sí mismo,* posee como propiedad elemental de los elementos de partida con los que se constituye, una característica que lo define: se constituye desde un material, el ADN o patrimonio genético que hereda de sus progenitores y transmite a sus descendientes, que es un material *informativo*. Contiene las claves para que se constituya y viva un individuo. De ahí que la emergencia de lo vivo sea la formación del primer y más simple material informativo: un tipo de moléculas de RNA que se autosintetiza y se autorreplica" (10).

Además, según antes vimos, entre las funciones orgánicas corporales de los seres vivos, de menor a mayor perfección encontramos que realizan las siguientes: a) vegetativas (nutrición, crecimiento y generación); b) sensitivas (mediante los sentidos externos e internos); c) instintivas (deseos e impulsos); d) motoras (movimiento de traslación). Son llamadas vegetativas porque son las únicas que esta clase de seres vivos manifiestan, y así: se nutren para conservarse mediante el metabolismo, y luego desarrollarse o crecer consiguiendo la madurez o mayor perfección y, posteriormente, ser capaces de engendrar o transmitir a nuevos seres las características propias de su especie. Estas son las operaciones vitales básicas. "Los vivientes (los sistemas centrales de tipo biológico), poseen la capacidad de realizar operaciones, lo cual indica una interioridad que, por su parte, les permite permanecer en la vida. Por supuesto, esto no es algo independiente de las condiciones materiales; por el contrario, está entrelazado con ellas" (11). Entre os vivientes existen grados de perfección que son conocidos por determinadas operaciones, funciones y actividades que les distinguen. "Otros datos que nos sirven para completar el cuadro sobre una línea de perfeccionamiento entre los seres vivos es que "el límite máximo de la actividad formalizadora vegetativa es el organismo adulto, el límite de la actividad formalizadora sensitiva es la conducta más adecuada posible, y el límite de la actividad formalizadora intelectiva es, en diversos aspectos, inexistente; el intelecto es infinito y no formaliza la materia: formaliza todas las formas del universo incluyendo las del propio organismo biológico" (12).

## 4.  Antecesores del *Homo sapiens*

Sin haber una certeza plena acerca de la edad de nuestro planeta, según coinciden la mayoría de los científicos, oscila alrededor de 6,000 millones de años; los residuos rocosos más antiguos tienen cerca de 3,500 millones de años; y aproximadamente 2,500 mil millones de años los primeros seres vivos (células). Los documentos históricos están basados principalmente en las rocas de la corteza terrestre y en los fósiles. La vida en la Tierra no era posible hasta que se diesen o conjugaran unas determinadas condiciones y circunstancias, etc., que lo permitiesen. "Los fósiles más antiguos son de tres mil ochocientos millones de años. Hace dos mil millones de años comienzan las células provistas de núcleo diferenciado. Más tarde, en los comienzos de la era primaria, en el período Cámbrico, hace seiscientos millones de años, comienza la diversificación de las especies vegetales y animales. De fines de la era secundaria y principios de la terciaria hace sesenta y siete millones de años, provienen los restos fósiles de los primeros primates o simios conocidos y hace diez millones de años aparecen los "homínidos" que se caracterizan por el bipedismo, posición erecta, morfología dental muy especializada y capacidad craneal muy desarrollada. En los sedimentos del Cuaternario se encuentran ya fósiles de la familia de los homínidos, la cual comprende dos géneros: *Australopithecus y homo*. La aparición del "homo sapiens" ocurrió hace cien mil años con el hombre de Neanderthal, y hace unos cuarenta mil años surgió el hombre de Cromagnon (13).

En el párrafo anterior tenemos un esquema sencillo de fechas y acontecimientos de gran interés para los científicos y para nosotros, pues directamente hacen referencia al origen de nuestro planeta y su conformación, pasando luego a los seres vivos y finalmente el hombre. Pero si nos preguntamos sobre el origen (causa) de los millares de galaxias que existen, incluyendo por supuesto la Vía Láctea que nos acoge, la ciencia aporta datos dignos de tenerse muy en cuenta. "Hoy en día, se da una especie de consenso práctico en cuanto a la datación de la aparición de la vida y del hombre a lo largo de la historia. Hace 15,000 millones de años, tuvo lugar, según el parecer de la mayoría de los científicos, la explosión inicial a partir de la cual proviene todo nuestro mundo, el cual sigue un proceso de expansión. A partir de esa explosión ha surgido toda la materia y todas las formas de vida que conocemos" (14). Con estas referencias y nuevas aportaciones científicas, será un poco más fácil seguir la pista a nuestros "antecesores", comprobando si en realidad somos o no parientes de los simios o primates. A primera vista, parece que tal "parentesco" no se da. Con una mirada retrospectiva, es posible admitir que "todo" ha tenido un principio, y entonces habrá que desechar la "generación espontánea", el azar y el caos como origen de cuanto existe. Merecen nuestra atenta consideración las siguientes palabras, dichas por un destacado científico, el premio Nobel (biólogo) C. de Duve: "el azar no operó en el vacío. Actuó en un universo gobernado por leyes precisas y constituido por una materia dotada de propiedades específicas. Estas leyes y propiedades ponen coto a la ruleta evolutiva y limitan los números que pueden salir" (15).

Ahora, debemos de tener en cuenta el hecho más o menos reciente, y es que ha cambiado, en cierto sentido, en el modo de clasificar los fósiles humanos y su significado. "Hace sólo varias décadas los científicos clasificaban habitualmente casi cada nuevo descubrimiento de un homínido (semejante al hombre) dentro de una especie separada. Estas creaturas fósiles se fueron llamando: "hombre-mono" de Pekín, "hombre-mono de Java", "hombre de Neanderthal", y así sucesivamente. Los dibujos que se han ido haciendo nos presentan una secuencia de individuos en progresiva erección: partiendo de los primates, de los antropoides y de los homínidos, se llega al hombre de Neanderthal y luego, finalmente, al de Cro-magnon, que es idéntico al "hombre moderno" en casi todos los aspectos.

"En los últimos 25 años, todos estos tipos han sufrido una nueva clasificación. Los especímenes de "hombre-mono" (desde los 100,000 a los 500, 000 años, y más), pertenecen ahora a una sola especie: *homo erectus*, hombre erguido. La opinión actual es que el hombre de Neanderthal constituía un tipo racial de hombre moderno: *homo sapiens*. Pero incluso esta clasificación está falta de una cierta clarificación, pues ¿en qué sentido se puede decir que estos dos únicos tipos de hombre eran diferentes? ¿Se trataba realmente de dos especies separadas y distintas? El verdadero criterio para la diferenciación de especies es la incompatibilidad genética, es decir, que el cruzamiento de los dos individuos produzca una descendencia estéril o no. Pero, por razones obvias, no es posible aplicar este criterio a criaturas muertas desde hace tantísimo tiempo" (16).

Como bien señala Stenson, la clave está en saber ciertamente si al mezclarse comunidades de especies distintas, los resultados fueron individuos infértiles. Durante mucho tiempo se habló de especies distintas (por diferencias entre los especímenes), aún dentro del género *Homo erectus*, lo mismo al de Java que al de Pekín, y de modo similar con los fósiles encontrados en África como el *Sinantropo*, etc. Por lo mismo, es preciso advertir que más recientemente, los biólogos y los paleontólogos atienden a dos cosas diferentes respecto del origen del hombre, pero vienen a ser datos complementarios que arrojan mayor claridad a esta cuestión. "En Paleontología, a los diferentes tipos humanos se les denominan *especies*. El término "especie" tiene pues un sentido diferente de cómo se emplea en Biología, donde se designan como especies diferentes a los grupos de individuos que no se reproducen entre sí. Dicho de forma simplificada, la Biología mira al genotipo (información genética que define al individuo de esa especie y que no es cambiable con la vida), y la Paleontología mira al fenotipo (caracteres morfológicos anatómicos) que presentan a los individuos y que va actualizando las potencialidades genotípicas con el paso del tiempo de vida; esto es: cambia con el proceso vital mismo (17). En resumen: desde la Paleontología, las especies son "tipos humanos" (variedad en el tipo); mientras que para la Biología, las especies las constituyen los grupos humanos "no fértiles" entre sí.

## 5.  El género *Homo*

Según vimos arriba, en el *Período Cámbrico* (Era Primaria) hace unos 600 millones de años se separan las especies vegetales de las animales, y habrán de pasar más de 500 millones de años para que aparezcan los *simios* o *primates* (según los fósiles encontrados), y 50 millones después los *homínidos* comienzan a habitar nuestro planeta. Pertenecen a la Era Cuaternaria los fósiles en encontrados del *Australopithecus* y del *Homo,* ambos de la familia de los homínidos; en cambio, el *Homo sapiens* aparece hace 100 mil años junto con el de *Neanderthal,* y posteriormente el hombre del Cro-Magnon hace 40 mil años. No se advierte alguna relación lineal entre Homo sapiens, Neanderthal y Cro-Magnon. El hombre procede de los *homínidos,* que tampoco están emparentados con el *Australopithecus.*

Haciendo un breve cuadro en base al tiempo, tenemos aproximadamente esta relación:

1)  3,800 millones de años, los primeros fósiles;
2)  2,000 millones de años, las primeras células de núcleo diferenciado;
3)  600 millones de años: se inicia la división entre especies vegetales y animales (**Era Primaria**);
4)  67 millones de años, fósiles de primates o simios (entre la **Era Secundaria** y la **EraTerciaria**)
5)  10 millones de años: los *homínidos:* bipedismo, posición erecta, morfología dental especializada y capacidad craneal desarrollada.
6)  Fósiles de: *Australopithecus* y del *Homo* (**Era Cuaternaria**)
7)  100 mil años: *Homo sapiens* y el *Neanderthal*
8)  40 mil años: Cro-Magnon

No está de más por el momento, un dato cierto e importante a la par que significativo: igual que el mono, están incluidos entre los primates (*antropoideos*): el chimpancé, el gorila y el orangután

(18). También es importante es advertir que, el período de las *glaciaciones* en la época *"Cuaternaria"* afectó principalmente a buena parte de lo que ahora es Europa.

Para mejor comprender y más fácilmente ubicar el origen del *homo sapiens*, han de distinguirse dos diferentes e importantes líneas de evolución: una de los *primates* (también denominados *hominoides;* y otra, la de *los llamados homínidos*, considerando éstos últimos como antecesores nuestros. Los primeros *primates* datan de entre 70 a 40 millones de años, que en cada paso suponen antecesores desconocidos, dando pasos sucesivos: a) de los Plasiadiaformes a los Strepsirrinos y de éstos a los Haplorrinos; b) luego, hipotéticamente se da un paso de los Semiiformes (simios y antropoides) a los *Trasiiformes,* con una antigüedad entre 42 y 35 millones de años; c) más tarde vienen los *Catarrinos*, de los que son parte los *platirrinos* (mono del Nuevo Mundo), *datados* entre 36 y 25 millones, con diversos géneros diferenciados, y sus primeros fósiles fueron encontrados en Egipto; d) les siguen los *hominoides,* que se extienden de Africa a Asia, entre 30 y 20 millones de años, y de África se extienden al Asia (algunos como hipotéticos eslabones en la línea del hombre: *Dioptrecus*); e) más tarde vienen los *homínidos,* entre los 10 y 6 millones de años, donde aparece situado el *Australopithecus* con 4 millones de años, y además, hay una posible separación del gorila (10 millones de años) y del chimpancé (7 millones de años).

Atendiendo a la línea y etapas de los *homínidos,* nos encontramos con que: habitaron principalmente el Continente africano (de hace 4.1 millones a 30,000 años). A partir de estos habrá un notable crecimiento craneal, empezando entre los Australopitecos, como son: a) los *Afarensis, Africanus, Boiseis y Robustus* (400-500 cm cúbicos), cuyos fósiles se han encontrado en el sur de África, Etiopía, Kenya y Tanzania; b) después viene el *Homo habilis* entre 2.2 y 1.6 millones de años (700 cm. cúbicos), que coexiste con el *Australopithecus*; c) posteriormente se encuentra el *Homo erectus*, de 1.6 hasta 0.3 millones de años (900 cm. cúbicos), encontrándose sus restos en África, Asia y Europa, aunque se ignora si procede del *Homo habilis; d)* le sigue *el Homo sapiens,* desde 100 mil hasta 40 mil años (1.400 cm. cúbicos), de los que se encuentran restos variados tanto en Europa como en Cercano Oriente, y también es de ésta época el hombre de *Neanderthal*, dudoso antecesor del hombre actual. Hay que hacer notar que, todas estas (ramas) familias o linajes que integran los *homínidos* desaparecieron, incluso el *Cro-Magnon* contemporáneo del *Homo sapiens*. Y tratándose del hombre actual, su presencia más reciente se ubica en torno a los 30.000 años, etapa en la que tienen lugar las variedades de razas actuales, cuyos fósiles diferentes que los del Cro-Magnon que luego desapareció definitivamente (19).

Por lo que a la capacidad craneal se refiere, no obstante que se considera un ingrediente o elemento relevante, no es del todo definitivo, pues "los científicos creían –dice Stenson– desde hace algún tiempo, que el tamaño del cerebro estaba en estrecha relación con la inteligencia del individuo. Este punto de vista ha sufrido una modificación notable debido a nuevos datos aportados. El cerebro del hombre moderno tiene una capacidad media de 1,250 cc., pero presenta oscilaciones, variando entre un máximo de 2,000 y un mínimo de 1,000 cc. El *homo erectus*, siendo de pequeña estatura tenía un cerebro que oscilaba entre los 775 y los 1,200 cc. Estas dimensiones, sin embargo, eran muy superiores al cerebro de los monos y de los antropoides: unos 450 cc. de media" (20).

"Del género *Homo*, que sepamos, solo ha habido dos especies (especies en sentido biológico): los *Australopithecus* y los hombres. Los restos fósiles y los datos genéticos de los grandes simios existentes hoy (orangután, gorila y chimpancé), con los que ambas especies comparten antepasados comunes, permiten establecer cómo eran esos primates que nos acompañaron en el camino hacia la *hominización*. Un camino que recorrieron los últimos antepasados comunes entre los *Australopithecus* y nosotros hasta hace 5 millones de años. De los individuos de una de las especies, posiblemente del *Australopithecus africanus*, debió salir el *homo habilis*. Y quizás, justamente porque para darnos paso adquirieron parcialmente las características humanas de inespecialización (posición bípeda, cambio de forma de la pelvis de la hembra, tamaño del cráneo etc.), no pudieron sobrevivir; de hecho, las diferentes especies de *Australopithecus* se extinguieron hace más de un millón de años" (21). Hay que tener presente que, en el período de las "grandes glaciaciones" datadas entre los 40 y 30 mil años, hubo una merma extraordinaria o desaparición de las especies del hombre del *Cro-magnon* y del *homo sapiens*. Las comunidades o grupos de *Homo sapiens* desaparecidos en Europa (donde se había habían asentado un millón de años antes), muy probablemente fueron sustituidos por una nueva expansión iniciada desde el Continente africano.

Antes de terminar este apartado vemos conveniente insistir en la importancia del DNA como ha quedado señalado en capítulos anteriores. "En Asia y Siberia, y no solo en Europa como se había supuesto, hubo poblaciones de neandertales, que llegaron hace aproximadamente 150,000 años, procedentes de África. Existe debate sobre ese origen común de los hombres actuales debido a datos acerca de las diferencias halladas en los cráneos fósiles. Sin embargo los datos genético mitocondriales, confirman el origen único y el efecto de la selección de los caracteres fenotípicos, según se ha publicado en 2007 (doi: 1.1038/*nature* 06193) el equipo de Svante Pääbo)" (22).

## Capitulo IV

(1) *"Diccionario de la Lengua española"* (op. cit.). *Hipótesis*: "sinónimo de postulado y se diferencia del axioma en que éste es una realidad evidente, mientras que el postulado es una exigencia que puede o no admitirse" (*Enciclopedia Salvat*, México, 1976).

(2) *"Enciclopedia Barsa"*, op. cit., t. 7

(3) Cfr. *A.V.* op. cit., *p. 555*

(4) González, G., Richards, J. W., op. cit., p. 55

(5) Ibid. p. 60

(6) Cfr. Choza, Jacinto, op. cit., p. 61

(7) Facchini, Fiorenzo, *Evolución y creación*. Publicado en *L´Osservatore Romano*, 16 de enero de 2006 (tomado de M. Artigas y D. Turbó, *El origen del hombre*, EUNSA, Pamplona 2007, pp. 176-177)

(8) Miroslaw, K., op. cit., pp. 165-166

(9) Cfr. García Cuadrado, J. A., op. cit., pp. 43-44

(10) López Moratalla, N., op. cit., pp. 22-23

(11) Miroslaw, K., op. cit., p. 233

(12) Choza, Jacinto, op. cit. p. 116

(13) Sayés, J.A., *"Ciencia, ateísmo y fe en Dios"*, eunsa, Pamplona 1988, pp. 90-91

(14) Ibid., p. 90

(15) C. de Duve, *"La célula viva"*, Labor, Barcelona 1988, pp. 356-357 (tomado de Artigas M, y Turbón, D., op. cit., p. 90).

(16) Stenson, B., op. cit., pp. 22-23

(17) López Moratalla, N., op. cit., p. 26

(18) Cfr. *"Nueva Geografía Universal"*, Bilbao 1980, T. VII

(19) Cfr. Artigas, Mariano; *"Las fronteras del Evolucionismo"*, libros mc, Madrid 1985, pp. 60-61.

(20) Stenson, J.B., op. cit., pp. 23-24

(21) López Moratalla, N., op. cit., pp. 32-33

(22) Ibid., p. 31

# CAPITULO V
## PUNTO DE PARTIDA (LA PRIMERA MUJER)

### 1. De los *homínidos* al *homo sapiens* de hoy.

E stamos en condiciones de hacernos cargo de cuál ha sido el largo proceso evolutivo de los *primates* (brutos), a los que algunos científicos les conceden parentesco cercano con el linaje humano, cuyos orígenes en la Tierra se remontan a un tiempo tan lejano como de 60 millones de años, a finales de la "Era Terciaria" y principios de la "Secundaria"; en tanto que los *homínidos* hacen acto de presencia unos 50 millones más tarde, durante la "Era Cuaternaria", tiempo del que datan los fósiles del *Australopithecus*, y propiamente del *Homo*. En cambio, el *homo sapiens* tardará en dar muestras de su presencia, hasta hace 100 mil años dejando varios rastros en Europa, siendo contemporáneo del Neanderthal y del Cro-magon (hace 40 mil años) que fue el último en llegar al escenario. No sobrevivieron a las grandes glaciaciones. Sin embargo siglos más tarde se repobló Europa y antes Asia, teniendo su más clara explicación en la segunda oleada o expansión del *Homo sapiens* que habitaba en diversos lugares de África.

En las respuestas acerca del *dónde* y el *cuándo* del proceso de *humanización*, prevalecen sobre otras las aportadas por la Paleontología, pero éstas deben complementarse sus datos con los que aporta la genética, y así se completa mejor dicho proceso, el cual se divide fundamentalmente en dos etapas: la primera que conduce hasta la separación de linajes entre el *Pan* y el *Homo*, que tienen un antecesor común; en la segunda, más reciente, los *Australopithecus* dan paso al *Homo habilis:* individuos de la primera humanidad, fundados en el bipedismo y nuevas características del *Australopithecus afarensis*, hace tres millones de años *(Etiopía)* localizados en África. La historia evolutiva de los hombres hasta llegar al *Homo sapiens sapiens* (el hombre actual), aun siendo compleja, sumariamente tenemos: una primera expansión (1 millón de años) de África se dirigen hacia Europa y Asia (sudeste y occidente); y posteriormente, el mismo *Homo sapiens* africano (200 mil años) realiza nuevas incursiones como una segunda gran expansión hacia los demás Continente (1). Fueron miles de años los que transcurrieron mientras se establecía y poblaba algunos lugares, a la vez que realizaba diferentes migraciones hacia nuevas tierras creando diferentes asentamientos humanos. "Según indican las dataciones del carbono 14, los amerindios llegaron a Tierra de Fuego hace 10.500 años, fecha en que alcanzó el género humano el último confín de la Tierra" (2).

Por tratarse de un artículo de sumo interés que resume la investigación de muchos años y de varios científicos de diversas ciencias, acerca del origen del hombre y de las diferentes razas que conforman el linaje humano, amerita incluirlo en este lugar en vez de colocarlo al final del presente trabajo a modo de anexo. Decidimos hacer su reproducción total con la intención de facilitar ver el despliegue de las diversas trayectorias del H*omo sapiens* en su expansión, y los múltiples asentamientos por el globo terráqueo durante siglos, hasta poblar por completo nuestro mundo. El punto de partida son los *homínidos* para terminar en el hombre de nuestros días, mediante un recorrido, principalmente de carácter genético, en el que se muestra la expansión y desarrollo de la especie humana, completamente diferente del de posibles antecesores que no son del género *Homo*. El artículo lleva como título: *"La Eva mitocondrial"*.

## 2. La "Eva mitocondrial" y la vuelta al mundo

"Durante décadas las únicas pistas eran los escasos huesos y objetos desperdigados que nuestros ancestros dejaron tras de sí en sus viajes. Sin embargo en los últimos veinte años, los científicos han encontrado un registro de las antiguas migraciones humanas en el ADN de la gente viva. "Cada gota de sangre contiene un libro de historia escrito en el idioma de nuestros genes", dice Spencer Wells, genetista poblacional y explorador de *NATIONAL GEOGRAPHIC*.

"El código genético, o "genoma humano" es 99.9% idéntico en todas las personas del mundo. Lo que resta es el ADN responsable de nuestras diferencias de nuestras –el color de los ojos o el riesgo de padecer ciertas enfermedades, por ejemplo–, así como otros segmentos que en apariencia no tienen función. De vez en cuando, durante el proceso evolutivo puede ocurrir una variación aleatoria e inofensiva en uno de los tales segmentos, y luego es heredada a todos los descendientes de esa persona. Generalmente después, descubrir esa misma mutación o marcador, en el ADN de las personas inicia que comparten un mismo antepasado. Así, al comparar muchos marcadores en muchas poblaciones diferentes los científicos pueden rastrear sus conexiones ancestrales".

"En la mayor parte del genoma, estos pequeños cambios quedan ocultos por la reorganización genética que ocurre cada vez que el ADN de una madre y un padre se unen para crear un hijo. Afortunadamente, un par de regiones conserva las variaciones reveladoras. Una de ellas llamada ADN mitocondrial (ADNmt), se transmite íntegra de la madre al hijo. De manera similar, la mayoría de los cromosomas Y, que determinan el sexo masculino, viajan intactos de padre a hijo.

"Las mutaciones acumuladas en el ADN y en los cromosomas Y (en los hombres) constituyen tan sólo dos filamentos en el enorme tapiz de personas que han contribuido a formar el genoma individual. Sin embargo, al comparar el ADNmt y los cromosomas Y en gentes de poblaciones diferentes, los genetistas pueden formarse una idea general de dónde y cuándo se separaron esos grupos en las grandes migraciones del planeta

"A mediados de los años 80 el finado Allan Wilson y sus colegas de la Universidad de California, en Berkeley, utilizaron ADNmt para ubicar el hogar ancestral de la humanidad Compararon el ADNmt de mujeres de todo el mundo y encontraron que aquellas de ascendencia africana mostraban el doble de diversidad que sus congéneres. Puesto que, al parecer, las mutaciones reveladoras ocurren a un ritmo estable, los humanos actuales (*Homo sapiens*) deben haber vivido en África el doble de tiempo de lo que han habitado en cualquier otro lugar. Hoy día, los científicos calculan que todos los humanos estamos emparentados con una mujer en particular, quien vivió hace unos 150 mil años en África, una "Eva mitocondrial". No era la única mujer viva en aquel tiempo, pero si los genetistas están en lo correcto, toda la humanidad está ligada a esta Eva mediante una cadena matrilineal continua.

"A la Eva mitocondrial pronto se le uniría un "Adán cromosoma Y", de manera análoga nuestro Padre, también de África. Los estudios, cada vez más preciso sobre el ADN, han confirmado este capítulo inicial de nuestra historia una y otra vez: todas las personas de la Tierra en sus variadas formas y colores tienen una filiación ancestral con los cazadores-recolectores africanos. (…).

"Es prácticamente es un hecho que hace quizá unos 50 mil o 70 mil años una pequeña oleada de personas de África llegó a las costas del oeste de Asia. Todos los no africanos comparten los marcadores que portaban estos primeros emigrantes.

"Algunos arqueólogos opinan que los migrantes que salieron de África marcaron una revolución en la conducta, la cual incluía la fabricación de herramientas más complejas, la creación de redes sociales más amplias y las primeras muestras de arte. Quizá algún tipo de mutación neurológica condujo al desarrollo del lenguaje hablado, convirtiendo a nuestros ancestros en individuos completamente evolucionados, lo que encaminó a un pequeño grupo para colonizar el mundo. Sin embargo, otros científicos han encontrado herramientas finamente trabajadas y otros rastros de conducta moderna diseminados en África mucho más antiguos que estos primeros pasos fuera del continente". (Los primeros migrantes dejaron a su paso en una de sus rutas hacia Europa y Asia, un cráneo de 92 mil años hallado en Israel. Pudieron seguir una ruta septentrional por el Valle del Nilo hacia el Oriente Medio).

Otros datos significativos: la población del mundo por el *Homo sapiens:*

1) "La mayoría de los paleantropólogos y genetistas concuerdan en que los humanos actuales surgieron hace unos 200 mil años en África.

2) "Los datos genéticos muestran que un puñado de humanos dejaron África hace 70 mil o 50 mil años, y con el tiempo reemplazó a todas las especies humanas anteriores, como el neandertal.

3) "Descubrimientos en dos sitios antiguos (Manakulanja y lago Mongo), indican que los humanos modernos siguieron la costa de sur de Asia y llegaron a Australia hace casi 50 mil años.

4) "Los paleoantropólogos creían que el poblamiento de Europa siguió una ruta desde el norte de África por el Levante. Pero los datos genéticos muestran que el ADN de los actuales euroasiáticos occidentales se parece al de de India. Es posible que una migración terrestre desde Asia poblara Europa entre 40 y 30 mil años.

5) "Hace unos 40 mil años los humanos avanzaron hacia el centro de Asia y llegaron a las estepas norte de Himalaya. Al mismo tiempo recorrieron el sureste asiático y China, para finalmente llegar a Japón. Y a Siberia. Las pistas genéticas indican que los humanos del norte de Asia con el tiempo mudaron hacia América.

6) "Aún se debate cuándo llegaron las primeras personas a América. La evidencia genética sugiere que fueron unos 20 mil o 15 mil años, cuando lo niveles del mar eran bajos y la tierra conectaba Siberia con Alaska..." (3).

Por ahora, los datos de que dispone la ciencia confluyen en una misma dirección, fundamentales para poder concluir que, el ser humano del siglo XXI tiene como "auténticos" antecesores y parientes (remotos como próximos) a los *homínidos;* y, entre ellos, concretamente el *Homo sapiens* no a los *primates* (simios), como supusieron Ch. Darwin y sus seguidores. El hombre (*animal racional*), no es una rama del tronco de los *póngidos.* Sin embargo, una realidad irrefutable es que: en nuestros días seguimos habitando el mismo planeta bajo el mismo sol, lo hombres y los primates. Coincidimos sólo en tiempo y lugar desde hace miles de años, siendo muchas y más grandes las diferencias que las semejanzas... Es verdad que el hombre también se ha ido superando, sin dejar de ser hombre.

Pero, entre aquellos que evolucionaron mostrando mayores capacidades que sus ancestros para adaptarse al medio ambiente, "mejorando" su propia especie, se han extinguido; y aunque los *hominoides* llegaron a contemporizar con el *Australopithecus,* éste último se separó tanto del gorila como del chimpancé desde hace mucho tiempo, entre los 10 y 7 millones de años. Más tarde, según vimos, las diferentes especies de *Australopithecus* (entre los *homínidos*) desaparecieron, aunque coexistió con el *Homo habilis.* Por lo que se refiere al Neanderthal y al Cro-magnon, no quedan más que fósiles y restos de cierta cultura, mientras que del *Homo (habilis, erectus y sapiens),* hay mucho más que fósiles y ruinas, más aún, viven sus descendientes: nosotros

Sirva de colofón este otro dato significativo: "a partir de 1987, y tras un minucioso análisis del ADN mitocondrial de hombres actuales de diferentes regiones geográficas, se comprueba que el hombre moderno racialmente indiferenciado, el *Homo sapiens sapiens*, había aparecido hace unos 200,000 años y solamente en África, donde había pasado al resto del mundo habitado para ocupar el lugar de sus predecesores, sin mezclarse con ellos. En este período reciente se desarrollaron los rasgos faciales; de forma que todas las razas vivientes en la actualidad tendrían un único origen en la población africana de hace esos mismos 200,000 años. Apoya esta visión el hecho de que se han encontrado fósiles en Sudáfrica y África oriental con rasgos modernos, a los que se atribuye una antigüedad superior a 120,000 ó 130,000 años y que se consideran los "modernos" más antiguos" (4).

## 3. Civilización: técnica y artes.

Echando una mirada atrás, fijando nuestra atención particularmente en los restos y huellas de la actividad del hombre, encontramos que de muchas de sus obras en ocasiones dicen más que sus propios fósiles. Retrocediendo unos siglos en el tiempo, descubrimos no pocos datos de valía que por sí mismas, van marcando algunas diferencias claves entre lo instintivo y lo racional, entre la naturaleza bruta y la creatividad humana, así también entre lo que es o se da de modo necesario y lo que es contingente o no predeterminado, etc. Así, damos por sabido que: "se consideran *Homo sapiens* los restos fósiles que presentan un desarrollo cerebral similar al nuestro, y, por tanto, de nuestros estadios de crecimiento y desarrollo. Su aparición se sitúa actualmente hace unos 500,000 mil años, en el continente africano" (5).

La prehistoria, por ser justamente eso, "pre-historia", solamente pueden hacerse al respecto conjeturas, pero con cierto fundamento y no meras suposiciones, pues al llegando la "historia" termina el período anterior, aunque para ello se disponga de unos pocos elementos para su reconstrucción, puesto que en las culturas no solamente hubo una fuerte influencia de la naturaleza sino que ella misma contribuyó muchas veces a su desaparición.

Estudiando la pre-historia y la historia de las diferentes civilizaciones, a grandes rasgos nos encontramos con que propiamente aparecen en la llamada era o etapa "paleolítica", donde predomina la piedra. En esta época "paleolítica" destaca como elemento principal la piedra. Su etapa más antigua es la que corresponde al "paleolítico inferior", que comprende desde la aparición del hombre sobre la Tierra hasta el año 100 mil, antes de nuestra *Era*, es decir, 1 millón de años (aprox.). Esta época comprende tres períodos: el inferior, el medio y el superior, los cuales a su vez están también subdivididos en:

- Paleolítico inferior: Abeviliense, Clactoniense y Achelense
- Paleolítico medio: Levalloisiense, Tayaciense, Micoqiuiense y Musteriense
- Paleolítico superior: Auriñaciense, Gravetiense, Solutrense y Magdaleniense

Pertenecen al período del *paleolítico inferior*, según los fósiles encontrados, los hombres llamados como: *Pintecanthropo* (Java), *Sinanthropo* (Pekín), *Dryopitheco* (Gaudens, Francia), *Australopitheco* (Africa), *Sinanthropo* (Africa), *Meganthropo* (Africa).

Los hombres del *paleolítico inferior* se caracterizaban por ser nómadas, usaban el fuego, fabricaban armas de piedra, y eran también: pescadores, cazadores y recolectores. El *paleolítico medio* comienza su inicio con la glaciación Wurmiense para terminar en torno a los 35 mil años a.C., y en este tiempo habita el tipo neandertal. En el *paleolítico superior* aparece el "*homo sapiens*" (…), encontrándose restos de ellos en África y Europa, donde se advierte otra característica: la colectividad o comunidad, probablemente divididos por sexos edades y habilidades o destrezas, por lo que hay como un germen de organización socio-política.

El período llamado *Epipaleolítico*, tiene lugar entre otros dos: el *paleolítico* (antes mencionado) y el *Mesolítico*, en el que se desarrollan dos culturas: la *aziliense* (norte de España, sur de Francia y las Islas Británicas); y la cultura *maglemosiense*. En este período (*epipaleolítico*) se advierten ya ciertas prácticas religiosas o animistas y también algo de magia imaginativa (representación de animales) y magia simpática (para poder causar un mal a una persona o algún animal); y en este mismo período, sobresalen en el arte las figuras de Venus (representadas en figuras muy variadas), particularmente en un área que va desde Rusia a Francia. En cambio en la pintura, es más reducido en sus manifestaciones este fenómeno siendo mejor la de la época Magdaleniense, aunque se inició desde el Solutrense, en que sobresalen especialmente las ubicadas en la zona Franco-cantábrica.

Se da el nombre de *Mesolítico* al período intermedio al *Paleolítico* y al *Neolítico*, que se encuentra hacia el año 9 mil a.c., aunque también algunos pre-historiadores le denominan *epipaleolítico*. Este período se caracteriza sobre todo por sus aspectos geológicos, debido a los cambios climáticos y también a que los grandes glaciares existentes en buena parte de Europa se desplazaron hacia el norte, a la vez que aparecían grandes zonas desérticas como el Sahara, debido a la extinción de bosques por grandes sequías. En este mismo período se desarrolla el arte rupestre del levante español, y sus habitantes se extienden por el Mediterráneo Occidental.

El período *neolítico* tiene varias características, por ejemplo: en el cercano Oriente se practica la agricultura y la ganadería (trigo, avena, cebada, sorgo y productos de secano). El hombre pasó de ser nómada a sedentario, alternando la caza y la pesca con las industrias recién inventadas y aplicadas. Se trata ya más de una sociedad conservadora y defensiva. Jericó es la aldea sedentaria más antigua que se conoce, con sus murallas para defenderse, y una población rica en agricultura y rodeada por pueblos nómadas Más tarde vinieron las industrias de hilados, la cerámica y la metalurgia. Muchas casas se hacen de adobe y ladrillo con cimientos de piedra. Hay, pues, ya una auténtica urbanización. Y otra gran actividad representó el comercio (6).

## 4. Lo que excede al instinto

Para terminar este apartado, queremos hacer mención a vuelapluma, de una mínima parte de lo que conocemos como arte rupestre, a favor del *Homo sapiens*, apreciando que a pesar de la escasez de recursos y lo burdo de los instrumentos y objetos empleados, dejó plasmado para la posteridad una concepción inconfundible de su entorno y de su propia personalidad, por elemental que fuese.

Somos conscientes que lo mucho que el hombre ha escrito de sí mismo como de su mundo y del universo que le circunda, al que pertenece, que no pensamos añadir nada nuevo con este trabajo a lo que ya existe hay. Pero como otro momento dijimos, muchas de sus obras son más elocuentes que sus restos mortales..., y son obras de su espíritu. Pensemos un momento en las pinturas rupestres descubiertas hace unos cuantos años en las cuevas de *Altamira* (España), verdaderas joyas artísticas que datan de 15 mil de años atrás, y evidencian el espíritu humano. Esas figuras, no las plasmaron en la roca (con los colores tan firmes y duraderos), los propios animales allí dibujados, sino hombres como nosotros, aunque más rudimentarios, pero inteligentes, artistas además de cazadores. Y semejantes dibujos coloreados han soportado el paso de los siglos, todavía siguen dando testimonio de sus autores. De mayor antigüedad son los grabados que muestran en escena unos ciervos o renos, en la cueva de *Lortet* en Francia. También cabe mencionar las figuras de los danzantes o acróbatas en la cueva localizada en *Addura* (Italia).

Merece la pena también, poner de relieve aunque muy someramente, sus dotes de "arquitecto" e "ingeniero" en ciernes, cuando contemplamos dólmenes y menhires encontrados en la vieja Europa, ya que son piedras de un tamaño y peso descomunal, mismas que tampoco se levantaron y colocaron solas guardando entre sí un cierto orden y disposición. Las cavernas o cuevas, los palafitos y otros tipos de recintos donde se recogía para refugiarse de las inclemencias de la naturaleza, de las fieras, o también para reposar y convivir en grupos más o menos pequeños; y también las canales o acequias para llevar el agua a sus pequeños sembradíos, o bien protegerlos posibles inundaciones y aún hacer depósitos de agua previendo sequías... Y así fue realizando incontables y asombrosas obras, en parte condicionado por la orografía, el ambiente climático, la fauna, los recursos materiales escasos o abundantes que le ofrecía su entorno. El hombre primitivo, paso a paso se va haciendo dueño del mundo, forjando simultáneamente "su mundo". El hombre transforma, modifica su entorno, civiliza la naturaleza.

Aunque ya nos hemos referido antes (primer capítulo) a la "difícil facilidad" para tratar o hablar del ser humano, insistimos nuevamente en que somos seres inteligentes y libres, por lo que bien se puede afirmarse que nuestra conducta nos delata, nos pone en evidencia, mostrando por nuestras acciones cuál es el barro de que estamos hechos, la clase de "animales" que somos: racionales y libres. Lo cierto es que no hacemos otra cosa que explayarnos de mil maneras diferentes, en las mil circunstancias semejantes y distintas en que las que de continuo nos encontramos... Precisamente ante tales situaciones, las acciones y reacciones no siempre son las mismas, pues son tantas las posibilidades en las que el instinto no puede sujetar al individuo, a la persona humana, que igualmente manifiestan tanto la variedad como la igualdad en la forma que satisfacemos nuestros instintos y deseos. Somos muy diferentes de las bestias, porque, en todo acto verdaderamente humano, hasta aquel que se origina en los propios instintos, se ven involucradas la razón y la voluntad. Pasando al otro extremo, es posible incluso actuar contrariamente a los instintos..., cosa que no hacen los brutos.

Podría parecer que las cosas no son así, como acabamos de señalar, ya que los instintos son una inclinación natural, se traducen en una tendencia congénita, no responden a un hábito o costumbre. Consideremos simplemente la alimentación o nutrición, una actividad que responde al *instinto de conservación* en cualquier ser vivo, el hombre lo satisface de formas muy diversas, no hay más que pensar en el *arte culinario*... De manera que, la persona humana no cumple con este oneroso y a la vez placentero deber o necesidad, de igual manera que lo hacen los animales irracionales. El ser humano es "omnívoro", y quizá por eso también, prueba e inventa, a fuer de ser creativo va experimentando modos nuevos satisfacer el hambre y calmar la sed, o dicho de otra forma, "prepara" y "adereza" sus alimentos de mil formas diferentes según los condimentos de que dispone, dependiendo también de gustos personales y algo de imaginación. ¿De cuántas maneras, por ejemplo, puede prepararse un pollo para colmar el hambre o para satisfacer un refinado paladar?, y ¿de cuántas formas se puede criar un exquisito vino? Para no alargarnos más en este punto, hagamos tan sólo un poco de memoria, para recordar unos cuántos de los muchos instrumentos creados precisamente para poder disponer y preparar los diversos alimentos y bebidas.

Nos preguntamos ahora: ¿por qué los *primates* y los *hominoides* no alcanzaron en su momento el grado de desarrollo, y con ello de civilización o cultura que el conseguido por el *Homo sapiens,* cuando contaban con mayor antigüedad, es decir, con más tiempo y más oportunidades para dejar su impronta, y entonces pudiésemos hacer mención ahora, después de millones de años, por ejemplo, de "la cultura del orangután" o de "la civilización del simio"..., o algo similar, incluyendo sus descendientes directos o "indirectos? Si las famosas "glaciaciones" extinguieron por igual toda clase de vida entre los grupos humanoides (Australopithecus, Neanderthal y Cro-magnon) incluso el *Homo sapiens,* ¿por qué únicamente éste último sobrevivió las sobrevivió, no sólo por haber permanecido algunos asentamientos o "remanente" del hombre en el Continente africano? No olvidemos también que: "el hombre es superado por muchos animales en la agudeza de los sentidos. Además, tiene una carencia de instintos que puede ser realmente peligrosa para su vida. Y si esto fuera poco, durante toda su época de lactancia y niñez está sometido a una necesidad de protección muy prolongada" (7).

Probablemente fue una coincidencia, o quizá por "azares del destino" (dirían otros), pero ateniéndonos a los hechos, habiendo desaparecido "los demás" y no quedando más que los "hombres africanos", por ser el *Homo sapiens* el único sobreviviente pasadas las glaciaciones, ya no habrá que buscar más ancestros que a éste. Lo que pudo haber sido…, si no hubiera ocurrido la "catástrofe glacial"…, nadie sabe ni lo sabrá; pero el hecho consta y no admite mentís alguno. En cualquier caso: lo que podría haber sucedido de no haberse dado las cosas como realmente ocurrieron, es meterse en el campo de las suposiciones, conjeturas, sospechas, etc., y sin embargo: está suficiente claro lo que antes y después de las susodichas glaciaciones sucedió. Los hechos están ahí. "Algunos vivientes son cucarachas porque en esa dirección evolucionaron. Otros somos hombres porque la dirección que se dio a nuestra estirpe caminó hacia esta forma; la naturaleza hizo esta diversidad y permitió este cambio. Pero desde que el hombre adquiere conciencia de sí, desde que su nivel de entendimiento supera la pura animalidad, y su libertad de actuar fuera del instinto heredado le permite ampliar su abanico de soluciones; el hombre ha sido al menos parcialmente dueño de la dirección de su linaje"(8). El hombre da soluciones a los problemas y es capaz de prever el futuro. El animal no usa instrumentos y tampoco los fabrica.

A pesar de haber algunas muestras de cierta cultura entre los antecesores del hombre, por ejemplo, diferentes tipos de utensilios e instrumentos para la caza, para cultivar la tierra y para tratar pieles de animales, etc. y también practicaban algunos ritos primitivos de culto. Sus autores los homínidos, desaparecieron. Únicamente el *Homo sapiens* ha sido capaz de darle continuidad a esa producción de artículos y objetos, aumentando en cantidad y en variedad, destinados a los más diversos usos, desde los más necesarios y elementales hasta los de ornato y aún juguetes, por mencionar algunos de esos utensilios. Otro hecho más en favor de las diferencias es que: "en los comienzos de los años 70 (siglo XX), los investigadores descubrieron, con no poca sorpresa, restos del *homo erectus* de casi dos millones de años: eran fósiles completos con útiles. Es decir, se encontraron con que el hombre era contemporáneo de cierto tipo de australopiteco, y aún anterior a ellos. Con toda probabilidad, por tanto, fue el hombre quien manufacturó aquellos útiles encontrados entre los restos fósiles del simio antropoide. Este descubrimiento puso por lo menos en duda, la posible relación evolutiva entre las dos formas de vida" (9).

Siendo el hombre un animal no sólo de instintos, pero y sobre todo racional, es muy comprensible que no se limitase a fabricar o manufacturar un mismo tipo de "productos", pues lógicamente, que a medida que aumentaban y variaban las condiciones ambientales e iba él proponiéndose sus fines propios, fueran también cambiando o inventando nuevos modos de satisfacer sus necesidades e intereses, de ahí la cantidad y variedad de "instrumentos" y objetos, acomodados a su forma de comportarse y a sus costumbres, etc. Con el tiempo, su inteligencia, imaginación y experiencia, ya no iban a la zaga o a la par de sus necesidades y demandas físicas y biológicas, pues con el desarrollo y perfeccionamiento tanto de su especie como individual, comenzó a llevar la delantera, a tomar ventaja en una "carrera" que no tiene término ni ruta fija. Como simple muestra entre tantas, está el viaje a la Luna... (¡Hemos salido de nuestro hábitat natural!). Ya antes (capítulo I), hemos hablado del "autoconcimiento" como actividad típicamente humana, al igual que el hecho de trascenderse... "Quiero describir con esta expresión –dice Frankl– el hecho de que en todo momento el ser humano apunta, por encima de sí mismo, hacia algo o hacia un sentido que hay que cumplir, o hacia otro ser humano, a cuyo encuentro vamos con amor" (10). El hombre es capaz de rebasar en muchos aspectos las fronteras de la materia.

Hoy podemos comprobar, por ejemplo, la infinidad de "artículos" fabricados, los cuales responden en su mayoría a medios o instrumentos de bienestar y satisfacción tanto personales como colectivos, pero además, existe otro grupo numeroso de "cosas inútiles", superfluas, no por inservibles o deterioradas, sino porque no responden a la calidad de "satisfactores", pues son completamente "superfluos" o innecesarios. Esto, es algo que notoriamente nos diferencia de los irracionales, que alcanzando la madurez se bastan como individuos a sí mismos, dotados suficientemente para ello por la naturaleza, y capacidad basta sólo para conservar su especie, mas no para mejorarla o destruirla, cosa que nosotros sí podemos hacer, como lo evidencian... los homicidios y las dos "guerras mundiales" del siglo pasado. Esto no los hacen los animales, pues los depredadores pertenecen a otras especies. "¿Qué es, en realidad el hombre? Es el ser que siempre "decide" lo que es. Es el ser que ha inventado las cámaras de gas, pero asimismo es el ser que entra en ellas con paso firme musitando una oración" (11).

Por último, aunque no es nuestro tema, ya que nos hemos propuesto como objetivo principal (no único), escudriñar o intentar llegar a los orígenes de nuestra estirpe, al inicio de la existencia del *Homo sapiens*, consideramos que no está fuera de lugar dedicar un poco de tiempo y atención, a unas pocas de las múltiples actividades desplegadas por el ser humano, pues nos ayudan a remarcar ciertas diferencias respecto a otros grupos humanoides o similares a nosotros, en los albores de la humanidad. "La cultura está directamente relacionada con el progreso humano. Cuanto más avanzada es una cultura y más "cultivada", más perfecto es el individuo, más dueño de sí mismo, más independiente respecto de la naturaleza tal y como se nos impone. El ritmo vital se acomoda a lo natural y cósmico" (12)

## 5. Algunas actividades propias del hombre (*Homo sapiens*)

Durante siglos y siglos, el ser humano ha dado manifestado de innumerables formas en sus actividades típicas, de ser esencialmente distinto de los homínidos y específicamente de los seres demás animales irracionales, como hemos tenido oportunidad de comprobar en diferentes lugares del presente trabajo. No deseamos repetir lo ya dicho, pero a riesgo de hacerlo, sí interesa resaltar algunas otras actividades que le pertenecen en exclusiva al hombre, debido a sus dos facultades de carácter espiritual, como son la inteligencia y la voluntad, que amplían su horizonte al universo al que trasciende, con trascendencia incluye a él mismo.

Sus actividades volitivas y cognitivas no son de naturaleza orgánica, por este motivo se orienta hacia el bien y a la verdad, no sólo a bienes concretos de índole material, sino a toda clase de bienes y valores; igualmente hacia la verdad universal, rebasando por completo al conocimiento de lo singular y concreto, sin quedarse en de orden material, sensible. Más aún, las mismas nociones de "bien" y de "verdad" no pueden ser captadas por los sentidos y tampoco apetecidas por ellos como tales; además de que esas nociones o ideas, y muchas otras más se corresponden con la realidad misma, es decir, no son puras ideas, existen fuera de persona que las piensa, como por ejemplo: la justicia y la injusticia, la salud y la enfermedad, o el dolor y el placer, el bien y el mal, la sabiduría y la ignorancia, la lealtad y la traición, la amistad, el amor y el odio, etc. Esto no es idealismo ni sensibilismo, "imaginería": es tan real el sufrimiento como el gozo y la persona que los padece o experimenta, cualesquiera que sean los motivos, lo cual no significa obviamente, que se exista un ser o una cosa llamada odio y otra que se llame amor, como hay actos que son justos y otros no, etc. En cierta medida aquí se refleja parcialmente la capacidad de trascenderse a sí mismo, ya que: "la autotrascendencia característica de la persona, implica que está abierta a la totalidad de lo real a través de las capacidades de entender y querer" (13).

En todo caso lo que hacemos es, además experimentar y de concientizar esas realidades (emociones, sentimientos, etc.), las entendemos o racionalizamos, o dicho de otro modo, somos capaces de "intelectualizar" esos hechos, esos fenómenos o vivencias personales. Si no fuese así, ¿qué caso tendría hablar de mandatos y prohibiciones, de obligaciones y derechos, de actos justos o injustos, y mil cosas más que únicamente tienen sentido para el ser humano? Para dejar otro ejemplo en esta misma línea, consideremos que exclusivamente el hombre puede padecer o tener vergüenza y remordimiento, pero... ¿de qué? De diversas actitudes personales, que a fin de cuentas le hacen ver que es un "yo" (centro de todos sus acciones libres y conscientes), delante de "otros" (semejantes a él). Precisamente hay "algo" que no sucede con los irracionales, que: no son ni pueden ser justos, valientes, leales o sabios..., ni viven en la verdad o en el error, como tampoco hay engaño o malicia en sus acciones; no hacen sino obrar instintivamente. En el hombre es posible esto y mucho más. "Para los antiguos griegos las más altas virtudes consistían en ser "bueno" y hermoso"; para los antiguos persas, en ser "veraz y valeroso"; para los teutones, en ser "fiel", y para nuestros contemporáneos, en ser "inteligente" (14). Ya se ve que el hombre tiene también una imagen de sí mismo, y puede formarse un prototipo, puede alcanzar alturas insospechadas y puede caer en abismos de vileza.

"El ser humano es una estructura abierta. Sus mismos instintos participan de esta natura. No es que los pensamientos sean cadenas de reflejos –como las máquinas calculadoras– sino que los reflejos son sedimentos del pensamiento –también como las máquinas calculadoras–. Las máquinas están hechas de tal suerte, que sólo pueden cumplir el designio del hombre que las concibió, pero éste tiene en sí mismo la posibilidad de otros muchos designios, el más extraño por más extremo, de destruirlas o de desinteresarse de ellas" (15). Si el ser humano no es comparable con los animales, menos lo es con las máquinas pues son obras de su inteligencia y de sus manos, aunque en algunos aspectos también lo superen.

Debemos tener en cuenta que la diversidad de facultades proviene de la diversidad de fines. Hay orden y subordinación de fines lo mismo que de facultades entre sí; hay unidad, coordinación y subordinación en razón de la unidad de la persona o del individuo, según su naturaleza. La esencia o forma finalmente da cohesión a la materia para constituir al individuo, lo estructura. Se puede decir que "las (facultades) inferiores nacen de las facultades superiores y las superiores son el fin de las inferiores" (16). Es una perogrullada, pero como alguien dijo una vez, y no le faltaba razón: "los puentes se hicieron para transitar sobre ellos, no para habitar en ellos". Como también es verdad que pueden fabricarse puentes de muy diversos materiales y tamaños…, pero todos se hacen para unir dos puntos extremos, no para separarlos. Y así se podrían mencionar muchísimos ejemplos más.

La historia propiamente hablando, es algo netamente de índole humana porque solamente el hombre hace historia sino que posee su historia personal también. El tiempo no es solamente hacer referencia al pasado, al futuro, o un estar como afianzado en un presente inamovible. "En el mundo de la naturaleza no hay decisión, sino hechos. La decisión se hace con vistas a un futuro, pero no puede prescindir de un pasado. El tiempo humano es tiempo histórico en cuanto realización de decisiones" (17). Es fácil darnos cuenta cómo la libertad humana está íntimamente unida a la historia de cada persona y simultáneamente a la Historia, fundada en las propias relaciones y hechos humanos, sin las cuales no hay historia. En su misma esencia o naturaleza, tiene el hombre conciencia de pertenecer a un linaje, de ser miembro de una comunidad, de "convivir", por tanto, de compartir: trabajo, ideales, valores, metas…; así también: limitaciones, desgracias, sufrimientos, etc.; al igual que, estar sujeto a sus semejantes y poder disfrutar con ellos los beneficios de la libertad, del respeto, y de multitud de iniciativas en diferentes actividades, lo mismo que tener con otros un mismo credo o no tenerlo, etc.

Un cuanto a la religión, hacemos una pequeña una referencia a esa actitud connatural del hombre, por caracterizada por establecer una relación única, con "algo" o con Alguien superior, procurando mantener un estrecho contacto con lo trascendente. En todas las culturas o civilizaciones hay muestras inequívocas de religiosidad, algunas de las cuales podrán ser o no ser acertadas, pero están a la vista como algo de lo que el hombre no puede prescindir. No representa algo que viene de fuera o que está el mundo, ni obedece a un sentimiento colectivo, y tampoco queda reducido a la fantasía. Se trata de una realidad más compleja. Es una respuesta de nace de su interior, del corazón y de la razón. "Y esos, que no quieren dar culto a nadie, para sacudirse el yugo de la religión, acaban por ser esclavos de todo lo que hay en el mundo, porque este mundo nuestro encierra en sí todos los bienes temporales" (18). El hombre, como puede deducirse de estas palabras, busca y procura siempre su bien (y el de los demás), por lo que la relación o intimidad con la divinidad o la búsqueda del Ser Supremo, como demanda propia de ser inteligente que busca la verdad, no puede ignorarse ni rechazarse. "Es incomprensible que una cosa se relaciones con otra sin que ésta, a su vez, se relacione con aquella. Si pues –enseña el Aquinate–, todas las cosas se consideran en relación con Dios, porque según su ser, que han recibido de Dios, dependen de él, Dios, a su vez, se considerará con relación a las criaturas" (19).

Vamos a terminar este apartado tomando unas palabras del Concilio Vaticano II, que nos muestran que una actitud reticente o de desprecio hacia la religión, no responde a una postura intelectual nueva, sino algo tan arcaico como el hombre mismo. "La negación de Dios o de la religión no constituyen, como en épocas pasadas, un hecho insólito e individual; hoy día, en efecto, se presentan no rara vez como exigencia del progreso científico y de un cierto humanismo nuevo. En muchas regiones esa negación se encuentra expresada no solo en niveles filosóficos, sino que inspira ampliamente la literatura, el arte, la interpretación de las ciencias humanas y de la historia y de la misma legislación civil. Es lo que explica la perturbación de muchos" (20).

En fin, al referirnos propiamente a la Historia de hombre, omitimos ocuparnos de ella aquí debido a su gran extensión, aunque algunas referencias mínimas hemos hecho, porque consideramos que nuestros lectores tienen un conocimiento suficiente de la misma, por lo menos en sus hitos más importantes como significativos. Además, existen diferentes concepciones de lo que es propiamente la Historia, y junto a ello se hay divergencia en lo enfoques y clasificaciones de la misma, que en buena medida dependen de la perspectiva tanto de la que se enfocan los hechos históricos como de los otros elementos que los conforman esos acontecimientos y los personajes involucrados en ellos.

Por lo demás, de alguna forma la historia abarca todo quehacer humano, por lo que están implicados, aspectos relevantes pertenecientes también al campo de las artes como de la ciencias, el derecho, la política, la economías, la religión o la filosofía, la milicia, etc. Sin embargo, queda por decir que: "La creación –el mundo en que vivimos– se nos presenta bajo dos formas de comportamiento: como naturaleza y como historia. Solo en el hombre se da la singularidad de que, poseyendo "naturaleza", se comporta como un ser histórico" (21). No hay historia sin hombre, ni hombre sin historia. Si es verdad que el sistema solar los planetas giran en torno al Sol, el mundo y el universo tienen, por lo que parecerían cumplirse, no en sentido absoluto, aquellas palabras atribuidas a Protágoras de Abdera, hace más de dos milenios: "el hombre es la medida de todas las cosas…".

## Capitulo V

(1) Cfr. López Moratalla, N., op. cit., pp. 25-26

(2) Artigas, Mariano y Turbón, Daniel; op. cit., p. 68

(3) James Shereeve —genetista poblacional y explorador residente de la NG— en *National Geaographic*, marzo-2006, pp. 54-57

(4) López Moratalla, N., op. cit., pp. 30-31

(5) Artigas, M., y Turbón, D., op. cit., p. 56

(6) Cfr. Lozano Fuentes, J. Manuel; *Historia de la cultura*, Cía. Editorial Continental, México, 1985 pp. 15-23

(7) Miroslaw, K., op. cit., p. 238

(8) García Pimentel, Luis., *"La falacia del Simio"*, Guadalajara (México), 1996, op. cit. p. 82

(9) Stenson, J.B., op. cit., pp. 26-27

(10) Frankl, Viktor, E., *"Ante el vacío existencial"*, Herder, Barcelona 1984, p. 17

(11) Frankl, Viktor, E., *"El hombre en busca de sentido"*, Herder, Barcelona 1981, p. 87

(12) Guerra, Manuel, *"El enigma del hombre"*, eunsa, Pamplona 1981, p. 70

(13) Barrio, J. M., op. cit., p. 74

(14) Wolff, W., op. cit., p. 210

(15) López Ibor, J. José, *"La aventura humana"*, Rialp, Madrid 1966, pp. 94-95

(16) García Cuadrado, J.A., op. cit., p. 47 (cita: Sellés, J.F., *"La persona humana"* (II), Universidad de la Sabana, Bogotá 1998, p.44).

(17) López Ibor, J. José., *"La aventura . . ."*, op. cit., p. 171

(18) Agustín, San, *"La verdadera religión"*, XXXVIII, 69, EUNSA, Pamplona 1977.

(19) Aquino, Sto. Tomás de, *"Suma contra gentiles"*, lib. II, cap. 11 .

(20) *Gaudium et spes*, n. 7

(21) Suárez, Luis. *"Grandes interpretaciones de la Historia"*, EUNSA, Pamplona 1976, p. 232

# CAPITULO VI

# NUESTRO PLANETA Y EL UNIVERSO

## 1. La Tierra: formación y composición

Después de habernos ocupado muy someramente de algunos elementos físicos, químicos y biológicos, que conforme a su naturaleza y diversas composiciones y combinaciones, como elementos primarios y básicos de la conformación de nuestro planeta, así de los seres inertes o materia bruta (el átomo y sus componentes), y también de los seres vivos en su mínima expresión (la célula, el ADN, etc.), pensamos que es igualmente conveniente conocer algo más acerca de: la Tierra, el lugar que nos ocupamos en nuestra galaxia y el universo, y otros datos sumamente interesantes.

Su forma es esférica, un poco achatada por los polos, debido a que la aceleración centrífuga es mayor en el ecuador (1,600 km) que en los polos, y a la inclinación sobre su eje que es de 23°27´. Posee un diámetro es de 12,740 km., su circunferencia (ecuador) mide 40,000 km, y su diámetro polar de 12,700 km. Tiene dos movimientos: uno sobre su propio eje (*rotación*) y otro en torno al Sol (*traslación*), que dan lugar al día y a las 4 estaciones del año. Además, su giro es de O a E, razón por la que el Sol, la Luna, los planetas y estrella, parecen elevarse por el este y ponerse por el O. El movimiento sobre su eje es de 1,600 km. en el Ecuador y un poco menor en los polos (N y S). La orientación en la Tierra se consigue fácilmente con una aguja magnética, que marca la dirección N-S, pues la nuestro planeta emite un campo magnético, debido a los procesos que tienen lugar en su interior. El movimiento de translación es 29.8 km/segundo (1,800 km/h), recorriendo así 930 millones de km en un año (1).

En su superficie está integrada principalmente por agua y tierra. Los océanos ocupan el 3/4 de su superficie (358,6 millones km), y 1/4 parte la zona de tierra firme (151,5 millones km), teniendo así una área total de 510,1 millones km cuadrados. Posee una masa de casi 6 trillones de toneladas, lo cual le da una gran fuerza de gravitación, presentando una ligera variación, porque es mayor en la parte montañosa y un poco menor en el mar. Es el único planeta que permite un estudio de su interior. Está formado –de fuera hacia adentro– por una corteza (40 km), un manto (2,900 km), y de un núcleo más exterior (5.100 km) y otro interior (3,300 km). La corteza está compuesta por materiales rocosos de diversa densidad, siendo los más densos el manto y el núcleo exterior, mientras que el interior es más líquido o viscoso hasta alcanzar temperaturas de entre los 3,000°C y los 4,500 °C (2).

Comparado con otros planetas posee dos características principales: su masa, de la que depende la fuerza de gravedad terrestre, y de otra parte, su distancia del Sol. Estos dos factores influyen en influyen en la temperatura de los astros y planetas (del Sistema solar) haciéndoles fríos; y si tienen atmósfera, qué elementos la integren. Por ejemplo la Luna, por ser más pequeña que la Tierra, comparativamente, posee 1/6 de la gravedad de que aquí hay, hecho que no le permite mantener una cubierta de gas. Solamente Venus tiene un tamaño y gravedad semejante a la Tierra, pero por estar más cerca del Sol, posee temperaturas más altas; y las temperaturas de los otros planetas suelen ser bajas, entre –100°C hasta –200°C, por su distancia del Sol. En cambio, la temperatura terrestre es más estable, cambia muy poco y mide 2 cal/cm/min.

La Tierra está envuelta una gran masa de gases y aire llamada *Atmosfera*, misma que consta de tres capas: *Tropósfera* (la más cercana), la *Estratosfera* (con la anterior alcanzan hasta 60 km), y la *Ionosfera* (hasta 600 km de altura). Nuestra atmósfera, está compuesta principalmente y en diferentes proporciones, de: oxígeno, nitrógeno, y una pequeña porción ácido carbónico y gases nobles, los cuales, con la asimilación del ácido carbónico por las plantas y la renovación de esos gases, se hace posible la respiración a vegetales, animales y humanos. Únicamente este tipo de atmósfera posibilita la existencia del agua, tanto en el mar como en los ríos y lagos (conjunto denominado como hidrosfera), etc. Otra condición para la existencia de la vida en este planeta, es la revolución del agua entre la hidrósfera y la atmósfera (3).

La formación de la cubierta o corteza terrestre, y en fin, la configuración del planeta, se calcula en 4.500 millones de años. La Geología y la Paleontología nos hablan de diferentes etapas en el enfriamiento y conformación definitiva en varias eras o etapas, según los elementos en ellas encontrados como de las capas de rocas y fósiles de organismos. La etapas o períodos más importantes son: 1) cenozoico o kanozoico; 2) mesozoico; y 3) paleozoico (al que anteceden el azoico o proterozoico y elazoico o archaico) (4). En el cenozoico o neozoico se desarrollaron grandemente razas de la flora y la fauna presente, en un período relativamente corto de 65 millones de años. Y en el Cuaternario o Pleistoceno, también llamado Edad Glacial, data de 1 millón de años, y en ésta se ubican concretamente 4 glaciaciones y 3 interglaciaciones, la última de las cuales terminó hace 12,000 años. Fue en el Terciario cuando aparecieron los primates (mamíferos) con una genealogía muy ramificada, en dos grupos principales: los póngidos o monos antropoides (chimpancé, orangután y gorila); y por otro lado, los homínidos (5).

## 2. El Sistema Solar

El hombre está presente, como un magnífico observador, en el universo de lo real y de lo inimaginable, puesto que no pocas veces la realidad supera la imaginación... Los parámetros que usamos para medir la vida humana, y aquellos otros que aplicamos, por ejemplo, al tiempo, los pesos y las distancias, etc., solemos aplicarlos por igual a cuanto nos rodea: se trate de seres inertes o vivos, es decir, a todo tipo minerales, vegetales y animales, no importa si es corta o muy larga sea su permanencia en este mundo. La ciencia emplea medios y métodos de observación y medición de fenómenos de diversa índole, como por ejemplo: fósiles, carbono 14, polen, etc., incluso "los anillos de los árboles, así como también muchos otros yacimientos geológicos y procesos de crecimiento biológico, son como instrumentos de grabación de datos para los científicos" (6). Provoca cierto asombro saber que el polen también es usado en ocasiones como un medida de tiempo, o sea, calcular la antigüedad de algunos objetos. "Los árboles y las plantas producen prodigiosamente pólenes específicos para cada especie. Es conocido que Charles Darwin se quejaba de que la polinización parece extravagante e incluso derrochadora, pero esta extravagancia nos permite usar los gránulos de polen para datar los depósitos acumulados. Los pólenes arrojados lejos y ampliamente por el viento han sido datados en sedimentos con lagos de carbono 14 hasta 60.000 años y, en pantanos hasta de 12,000 años" (7).

Mencionaremos algunos datos importantes ya conocidos por muchos, y a la vez nos señalaremos otros que quizá resulten más novedosos, y quizá por ello despierten mayor interés y resulten atractivos. "Según las teorías actuales, todo el sistema solar se formó hace cinco mil millones de años a partir de la condensación de una nebulosa de gas y polvo. Este material debía proceder de una estrella anterior que explotó como supernova, pues sólo en explosiones de este tipo se puede formar elementos pesados como el uranio, el oro, etc., que existen en los planetas"

(8). En la Vía Láctea, nuestra galaxia (que tiene un diámetro aproximado de 80 mil años luz), se encuentra el Sistema Solar del cual formamos parte, y en él estamos ubicados. Escapa a toda imaginación, que exista un número de galaxias que rebasa los dos dígitos: son miles, según afirman los astrónomos, clasificadas en 4 grandes grupos, atendiendo a ciertas diferencias como son sus figuras y su conformación: las elípticas, las espirales (simples), espirales barradas y las irregulares o de formas distintas de las anteriores (9).

De momento atengámonos a unas comparaciones muy ilustrativas al caso: "Según las teorías actuales, todo el Sistema Solar se formó hace cinco mil millones de años a partir de una condensación de una nebulosa de gas y polvo. Este material debía proceder de una estrella que explotó como supernova, pues sólo en explosiones de este tipo se pueden formar elementos pesados como el uranio, el oro, etc. que existen en los planetas" (10). Y nuestro hermoso y cálido Sol, es una estrella más, no obstante que ocupe el centro de nuestro sistema planetario y tenga especial importancia para nosotros. "El Sol es una estrella muy normal: ni muy grande ni muy pequeña, ni muy brillante ni muy apagada, ni muy vieja ni muy nueva. Se podría decir que es una estrella media, que se formó hace unos 5,000 millones de años, y que le queda combustible para otros tantos (11).

Casi nadie ignora que la Tierra no es, ni mucho menos, el centro del universo, sino apenas un punto que vaga en la inmensidad del cosmos. "Nos podemos hacer una idea de los tamaños del sistema solar con ésta comparación: si redujésemos el sol a una esfera de un metro de diámetro (una pelota o un globo grande que una persona adulta podría cargar con cierta facilidad), Mercurio sería del tamaño de un cabeza de alfiler, a 40 m de la esfera. Venus, del tamaño de una aceituna, quedaría a 70 m, y la Tierra, de un tamaño similar, a 100 m. Marte sería como un guisante (chícharo) y estaría a 160 m. Granos de arena y polvo flotando a 200 ó 300 m, representarían a los asteroides. Júpiter estaría a 500 m, y sería como una naranja grande. Saturno, como una naranja normal, estaría a 1 km. Dos melocotones (duraznos) podrían representara

Urano y Neptuno a 2 y 3.2 km respectivamente. Plutón sería otra cabeza de alfiler a 4 km" (12).

Con todo, hay grandes espacios entre la innumerable cantidad de seres interestelares con los que vamos como "paseando" por el cosmos sin molestia alguna, a la manera de fuegos artificiales en que las chispas no se tocan, con millones de astros y planetas, y con muchísimas estrellas que no vemos y probablemente tampoco soñamos... Contamos con algunos datos ilustrativos como éstos: "El sistema solar es un ámbito casi del todo vacío, una nave interplanetaria que lo atravesara, tendría una posibilidad remotísima de chocar con algún planeta, incluso con el Sol, si éste no le atrajera" (13). Si vamos hacia adentro del sistema solar, por supuesto que el Sol es como el gran actor que roba la atención de toda la galería: "En el centro está el Sol, con un diámetro cien veces mayor que el terrestre y casi diez veces mayor que el de Júpiter. Concentra el 99,2 % de la masa total del sistema solar. A su alrededor giran los nueve planetas: Mercurio, Venus, La Tierra, Marte, Júpiter, Saturno, Urano, Neptuno y Plutón, la mayoría con varias lunas" (14). También es algo sobrecogedor que la galaxia a que pertenecemos (*Vía Láctea*), contiene cien mil millones de estrellas, además, todas las galaxias tienen diferentes tamaños: más grandes y más pequeñas que la nuestra; y forman grupos entre ellas, de tal manera que formamos parte del Grupo Local, compuesta por otras 17 galaxias (15).

## 3.  Nuestra galaxia (*"Vía Láctea"*)

Sabido es que por la fuerza gravitacional se fue formando un núcleo en la galaxia con mayor densidad y con la mayor masa, mientras la nebulosa giraba en torno a su centro extendiendo sus brazos o extremos y ocasionando algunos choques entre las partes que la formaban, hasta llegar a tomar la forma de un disco. Entre tanto, en la los gases se fueron concentrando en la parte central de la galaxia e iban disminuyendo su tamaño hasta alcanzar la temperatura suficiente para que se fusionara el hidrógeno, y entonces el Sol comenzó a producir calor. La gravedad y el viento solar fueron los causantes de diversas condensaciones en varios núcleos que formaron los planetas, hasta formarse lo que ahora es el Sistema Solar, de manera que fueron finalmente esos choques su origen.

Ahora nos referiremos al mundo y al universo en general. Partimos de la base de los avances y descubrimientos de algunas ciencias desde hace algunos siglos, pero particularmente de información de los últimos años. "Sólo recientemente, sin embargo, hemos sido capaces de comparar esos lugares con la Tierra con la Tierra. Comenzando con las pruebas del *Mariner* en los años 1960, y continuando hasta la actualidad, con sondas orbitando alrededor de Marte y (pronto) de Saturno, nuestra comprensión de los otros planetas y de sus satélites (si exceptuamos Plutón) se ha expandido exponencialmente. Este nuevo conocimiento ha alterado nuestra concepción de la Tierra comparada con los demás hijos del Sol. También ha desautorizado especulaciones que, vistas en retrospectiva, parecen un poco decabaladas" (16). Los nuevos conocimientos sobre el Sistema Solar y más allá de donde el ojo y el oído humanos alcanzan, han sido posibles gracias a múltiples exploraciones con artefactos cada vez más sofisticados y perfeccionados, que responden al afán de acrecentar el conocimiento, que permite a la vez conseguir mayor dominio sobre nuestro universo, en la medida esto va siendo posible.

Solamente para mencionar algunos de los hechos que comenzaron para abrir el espacio sideral y aumentar su conocimiento tenemos, entre los primeros encontramos que en el año de 1957, Rusia puso su primer satélite artificial (*Sputnik* I) en órbita, iniciando así lo que se denominó más tarde como "la conquista del espacio", mientras los Estados Unidos de Norteamérica lanzaban en 1958 lanzaban el primero de una serie de satélites (*Explorer* I) que servirían como estaciones científicas o laboratorios espaciales en el año de 1958. En 1964 Rusia envió al espacio el primer satélite tripulado por un hombre (*Vostok* I), y años más tarde los norteamericanos consiguieron llegar a la Luna con tres hombres a bordo del *Apolo 11* en 1969. Con posterioridad han sido enviados satélites exploradores a Marte y Venus, Júpiter, Saturno y otros con órbitas más lejanas. No podemos ignorar el lugar tan "especial" y las condiciones "excepcionales" que nos coloca en una situación "envidiable" para el resto de los planetas. "Según nos movemos hacia fuera del Sistema Solar las condiciones de vida sólo van poniéndose peor. Los planetas más distantes del Sistema Solar ofrecen puntos panorámicos más pobres que nuestra plataforma terrestre. Los planetas más externos se hallan dispersos, haciendo difícil la observación de los demás planetas. Y los planetas internos se encuentran ampliamente perdidos contra el brillante resplandor del Sol, haciendo más difíciles los primeros dos test de la Teoría de la Relatividad, de Einstein, la precisión del perihelio de Mercurio y la curvatura de la luz. Los largos períodos orbitales de los planetas externos, que van desde décadas a siglos, requieren también observaciones que duran más que una vida humana" (17).

Por lo ya expuesto anteriormente, sabemos con seguridad que nuestra galaxia es una de las miles que componen el universo, lo que significa que dicho universo posee unas dimensiones tales que apenas podemos imaginar. Si el Sol, como la Tierra y los demás planetas tienen una edad, también debe tenerla el universo, pues es obvio que estamos tratando no solamente de seres o cosas en el cosmos o universo, por llamarlos de alguna manera, sino también nos referimos al tiempo, la "edad" de esas cosas. Estamos acostumbrados a ubicar cosas, sucesos y personas, en el tiempo y en el espacio, que son las coordenadas o dimensione imprescindibles de todo ente corpóreo. Y a ello vamos ahora.

La galaxia donde nos encontramos es de dimensiones colosales. "A partir de muchas observaciones los astrónomos han podido deducir su forma y nuestra posición en ella. Resulta tener forma de platillo volante, es decir, un disco y un bulbo central. El diámetro total es de 80,000 años luz y la del bulbo central unos 15,000 a.l. El Sol está situado ligeramente más exterior que la zona central del radio, a 25,0000 a.l. del centro. El espesor del disco es de unos 2,000 a.l. de media. Fuera del plano de la galaxia, rodeándola por todas partes, se sitúan los *cúmulos globulares* (…) La galaxia contiene unos 300,000 millones de estrellas: todas las que se ven a simple vista pertenecen a ella" (18). (Un "año luz" es igual a la distancia recorrida por la luz durante un año a la velocidad de 300 mil km por segundo). La Tierra es uno de los 9 planetas que giran en torno al Sol, habiendo en nuestra galaxia más de un millón de planetas, según cálculos de los astrónomos. Respecto de la Luna, baste con saber que además de ser rocosa y contener los mismos minerales que nuestro planeta, ambas: "se habrían formado a la vez a partir de los mismos materiales. Esto explicaría bien la órbita casi circular, pero no el hecho de que los materiales de una y otra, aunque parecidos, tengan marcadas diferencias. Por ejemplo, en la Tierra abunda más el hierro y en la Luna el titanio. La densidad media de la Tierra casi duplica la de la Luna (19).

Para una mejor comprensión del nuestra galaxia, esta inmensa comunidad de astros, planetas, estrellas y soles entre los que nos encontramos, podemos atender estos otros datos: las galaxias forman a veces una especie de cúmulos e incluso *supergalaxias*, vistas mediante el telescopio. Nuestra galaxia forma parte de un cúmulo local que incluye *Las nubes de Magallanes*, la galaxia *Andrómeda* y algunas otras haciendo un total de 19. Miembros. "Respecto a las estructuras aún mayores se puede señalar que en la Cabellera de Berenice existe un gran cúmulo elipsoidal cuyo diámetro es de unos 8,000 millones de años luz. Este cúmulo encierra unas 11,000 galaxias separadas por una distancia media de unos 300,000 años luz" (20). No nos queda más que decir en este momento que "el planeta azul" es una maravilla. Somos los seres más afortunados del universo.

### 4.  La vida no es casualidad.

A la pregunta que muchas personas se hacen sobre si habrá vida en otro lugar además de la Tierra, debemos atenernos a lo que las ciencias ponen a nuestro alcance, luego de muchos esfuerzos y concienzudas investigaciones realizadas por los peritos y conocedores de estos temas. Los datos científicos por el momento rechazan toda posibilidad de que exista vida en otros planetas fuera de la Tierra. Entonces nos preguntamos: ¿qué nuestro planeta es "algo especial", exclusivo? (vivimos en un planeta "raro", "exótico", "*sui generis*? ¿Somos los hombres los únicos seres inteligentes en toda nuestra galaxia…, y acaso del universo?, se preguntan otros. Hasta cierto punto esta inquietud nace de las proporciones del universo, de aquí cierta zozobra… ¿por qué en lugar "perdido" en la inmensidad de espacio como es la Tierra, solamente en ella hay vida, y más en concreto vida humana?, ¿habrá seres inteligentes en otra galaxia?... "Las historias de ciencia ficción a veces a menudo describen formas de vida basadas en una química enteramente diferente a la vida en la Tierra. Pero los autores de ciencia ficción utilizan una licencia artística, que permite que su imaginación corra sin trabas. Una versión popular es la vida basada en el silicio, sin duda, atractiva debido a la cercanía entre silicio y carbono en la tabla periódica". (21)

Primero haremos un repaso sumario sobre las condiciones dadas en nuestro planeta para que la vida fuese posible y se desarrollara en sus innumerables formas diferentes. ¿Cómo se formaron los primeros organismos, con aptitudes de metabolismo, sensibilidad y fecundidad, etc.? "Desde luego, incluso la vida simple requiere muchos más elementos químicos que carbono, hidrógeno y oxígeno. Una bacteria diminuta necesita diecisiete elementos, y los humanos necesitan veintisiete. En general, los organismos más grandes y complejos requieren más diversidad de proteínas y enzimas. Mientras la mayor parte de los elementos esenciales para la vida están suficientemente concentrados en el agua del mar, los océanos no son una adecuada fuente para todos los elementos. Por ejemplo, la atmósfera es la fuente primaria del nitrógeno, y los continentes son la fuente primaria de algunos nutrientes minerales, incluyendo molibdeno" (22). Entre los seres vivos las plantas y animales más antiguos fueron acuáticos, en el *eozoico* debió existir una hidrósfera. Y la "atmósfera" tuvo antes otra composición que diferente de la actual, compuesta de aire, nitrógeno y oxígeno. Entre los elementos fundamentales que formaban la atmósfera primordial estaban: el hidrógeno,

hidrógeno carburado (*methan*), hidrógeno sulfurado, amoníaco, ácido carbónico y humedad, que son composiciones moleculares, que a su vez contienen: carbono, oxígeno, nitrógeno y sulfuro, necesarios para la posterior formación de las composiciones orgánicas de aminoácidos y nucleótidos.

Los primeros (seres vivos) debieron ser unicelulares, como el alga clorofilácea, capaces de producir sustancias orgánicas. Las células vivas están compuestas de uniones sencillas orgánicas y de moléculas, de las que dependen las funciones vitales fundamentales, siendo las más importantes los albuminoides o proteínas, y también los ácidos nucleicos que, acoplados como nucleoproteidos, son los portadores de las características hereditarias. Después de la formación de la atmósfera de oxígeno y luego de haber cambiado la vida hacia organismos multicelulares, la vida se desarrolló con mayor velocidad y en formas vitales muy variadas y más complejas.

La primeras células vivientes tuvieron su aparición hace 2,000 millones de años (aprox.), que fueron evolucionando lentamente hasta dar origen a vegetales y luego animales, pero antes los océanos habían sido poblados por seres inferiores de los que proceden. Los reptiles aparecieron hace unos 230 millones de años, predominando los mamíferos sobre la Tierra desde hace unos 180 millones de años (23). "La bacteria se considera que es el organismo vivo más elemental y primitivo que se conoce, y tiene la propiedad de reproducirse por bipartición, es decir, se trata de una célula replicante, que emite una información que es una copia estricta de ella misma. Es un viviente que "sabe" informar de sí mismo con suficiente precisión como para que el "mensaje" se reproduzca de manera completa al "emisor". Todos los vivientes "saben" hacer eso, replicarse, aunque lo hacen de distinta manera" (24).

La vida, según hemos considerado, no es el puro resultado de una combinación de elementos físicos y químicos, sino algo más. Y si nos atemos a las condiciones mínimas o indispensables que hacen posible la existencia de seres vivos, además de lo ya expuesto más arriba en diferentes ocasiones, debe tenerse en cuenta otros datos que explican el porqué de la vida exclusivamente en la Tierra. Pensemos, en primer lugar en el elemento que mayormente abunda en nuestro planeta: el agua. "Este líquido tan "especial" e "imprescindible, el agua es un cuerpo muy extraño, único por muchas razones. Por ejemplo, tiene un altísimo calor específico, por lo que durante el día almacena una gran cantidad de calor sin subir apenas de temperatura. Durante la noche lo libera, constituyendo un termostato formidable de la temperatura ambiente. (…) El agua tiene un grado de capilaridad que le permite ascender muy bien por tubos finos, por lo que empapa la tierra, moja, se filtra, llega a todas partes. Su poder disolvente es enorme y puede contener casi todas las sales. Transporta materiales disueltos en un lugar, abandonándolos en otro en forma de depósitos: por eso hay tan variada gama de yacimientos en lugares próximos entre sí" (25). Y por otra parte, en los demás planetas de nuestra galaxia no hay agua corriente o superficial, cosa que dificultaría enormemente la posibilidad de seres vivos.

Otro hecho a tener en cuenta, es que "el agua de la Tierra proviene en parte del hielo de los cometas que impactaron la Tierra, y sobre todo del vapor que emitieron los volcanes hace millones de años, que se condensó y formó los mares que cubren actualmente cerca del 80% de la superficie" (26). No encontramos, pues, circunstancias iguales ni en la formación ni en el estado actual de los planetas de nuestro Sistema Solar, y más lejos, tampoco. Después, tiene lugar el proceso de evaporación, también conocido científicamente y experimentado a diario por nosotros en su proceso variable. No existe otro planeta con atmósfera como la encontramos aquí. "La atmósfera que rodea la Tierra es también única. Contiene oxígeno libre (22%), necesario para la vida pero muy corrosivo a la vez, por lo que viene muy bien el nitrógeno (76%), gas inerte que suaviza el efecto del oxígeno. También hay un 1% de anhídrido carbónico ($CO_2$), vapor de agua y otros gases en muy pequeña proporción. Parte del oxígeno es ozono, que filtra el paso de los rayos ultravioleta, mortales para los organismos en altas dosis. La atmósfera nos sirve además de escudo contra los meteoritos y los perjudiciales rayos cósmicos (rayos gamma, X, y el viento solar), gracias a los cinturones *Van Allen* de nuestro campo magnético" (27). A todas luces se notan algunos de los considerables los beneficios que proceden de una atmósfera como la nuestra. Por si esto fuese poco, también "el agua posee una cualidad excepcional: es, de todos los cuerpos, el único que pesa menos en estado sólido que en el líquido, por lo que el hielo flota y gracias a eso el ambiente es templado" (28).

Otra de las propiedades del agua que hacen posible la vida, es su calidad de ser el mejor disolvente, resulta insustituible. "La vida también necesita un disolvente que proporcione un medio para reacciones químicas. El mejor disolvente posible debería disolver muchos tipos de moléculas, transportándolas a los lugares de reacción, mientras conservan su integridad. Debería estar en estado líquido, ya que el estado sólido no permite la movilidad y el gaseoso no permite suficientes reacciones químicas. Más allá de esto, el disolvente debería ser líquido durante las mismas variaciones de temperaturas en las que las moléculas básicas de la vida permanecen mayormente intactas y en estado líquido o gaseoso. El agua, el más abundante compuesto químico en el universo, cumple exquisitamente estas condiciones. De hecho, el agua excede con mucho los requisitos básicos para la química de la vida" (29). Multitud de fenómenos en el orden físico, químico y biológico no serían posibles sin el agua, y como se anotó en otro lugar, solamente en este planeta se dan las condiciones necesarias para que exista el agua. Pare que no son pocas las "coincidencias" requeridas en estos niveles para hablar del azar como "causa" de todo esto.

Existen otros cuatro elementos como se ha repetido varias veces (carbono, hidrógeno, oxígeno y nitrógeno), se encuentran conjugados en todo ser vivo. Y sin embargo también entre ellos, el agua pone en evidencia nuevamente por qué se le llama tantas veces el "líquido vital", y no sin razón. "Debido a que carbono y agua son para la vida a las escalas molecular, celular, de los organismos, y planetaria, los medio ambiente sin suficiente carbono y agua, probablemente, carecerán de vida. Una vez que reconocemos el alto grado de adecuación de las químicas del carbono y del agua para la vida, debemos aceptar también las restricciones que esto plantea a un planeta habitable. Un planeta menos flexible que la Tierra en regular su clima con agua y carbono será, seguramente, menos habitable" (30).

Hace unos años se descubrieron en la Luna pequeños depósitos de agua, y digo "depósitos" de propósito, porque no es agua que mana o esté corriendo. ¿Qué ocurre? Ni más ni menos que, amén de lo ya dicho, "la composición de la superficie de la Luna es rocosa, sin que se hayan encontrado minerales que no hubiera en la Tierra. En las grandes llanuras, llamadas *mares*, predomina el basalto, y en la parte montañosa, llamada *tierras altas*, predomina la *anortosita*, de composición similar al manto terrestre. La superficie está llena de polvo fino y gris, llamado *regolita*, y las rocas son también de ese color: es un paisaje sin casi colorido. Como no hay atmósfera, las sombras son muy oscuras y el cielo aparece también negro, aunque luzca el Sol. Durante el día las rocas se calientan a 130° y durante la noche alcanzan los 180° bajo cero (…) En 1998 la nave luna *Prospector* descubrió que en la umbrías de algunos cráteres de los polos hay pequeñas bolsas de agua congelada" (31). Con esas temperaturas y semejantes condiciones, además de carecer de atmósfera, de tierra y de otros elementos, se esfuma la posibilidad de haber vida allí, de lo contrario los mismos científicos ya lo hubieran anunciado. Dicho sea de paso, sería un gran logro haberlo descubierto.

También la atmósfera, la Luna, la Tierra misma en todo su conjunto, etc., juegan un papel fundamental para que sea posible la vida, y en particular en nuestro mundo. Tal parece que todo "estuviera pensado"... "El hecho de que nuestra atmósfera es transparente; de que nuestra Luna tiene el tamaño apropiado y se encuentra a la adecuada distancia y que su gravedad estabiliza la rotación de la tierra; que nuestra posición en la galaxia es la que es; que nuestro Sol tiene la precisa masa y posición que tiene... Todos estos hechos y muchos otros no solo son necesarios para hacer habitable la tierra, sino que también han resultado ser sorprendentemente cruciales para los descubrimientos y la medición del universo por los científicos. La humanidad se encuentra inusualmente ubicada para descifrar el cosmos. ¿Somos afortunados desde este punto de vista?" (32). Resulta, pues, que esta serie de causas y efectos, y otros más, no son una casualidad, ni lo es tampoco el lugar que ocupamos en la Vía Láctea, porque todo esto, hace de nuestro planeta un "observatorio" inmejorable para mirar el resto del universo.

Algo que parecería de escasa importancia para la existencia de la vida en nuestro planeta, son las placas tectónicas, que no solamente han influido en la configuración de los ahora cinco grandes Continentes. "Un planeta terrestre con placas tectónicas es más adecuado para tener un campo magnético, debido a que ambos fenómenos dependen de corrientes de convección en su interior. Y un fuerte campo magnético contribuye poderosamente a la habitabilidad del planeta, al crear una cavidad, denominada magnetosfera, que crea un escudo que evita que la atmósfera del planeta interaccione directamente con el viento solar. Si las partículas del viento solar, que consiste en protones y electrones, interaccionasen (…) Esto sería malas noticias para la vida, porque el agua se perdería con mayor rapidez en el espacio…" (33).

No podemos terminar este apartado sin hacer alusión al simple hecho (¿casualidad?....) de que, el eje sobre el que gira la Tierra no está en posición totalmente vertical…Hay una explicación, de algo que no es fortuito, pues la inclinación de la Tierra sobre su eje rotación y el movimiento de translación, tienen una injerencia de gran importancia para hacer viable este planeta. "Finalmente, están las órbitas e inclinación de la Tierra (…) incluso pequeños cambios en esta dos variables, afectan el clima de un planeta. Si cualquiera de las dos fuera simplemente un poco más grande, cada parte de la superficie de la Tierra variaría más en temperatura, lo que la convertiría, con toda probabilidad, en menos habitable. De hecho, la Tierra tendría una biosfera completamente diferente, ya que la diversidad de una región depende de su productividad de su base biológica. En una región que experimentase amplios cambios en la temperatura a lo largo de un año, pocas especies estarían en grado de sobrevivir. Y si la biosfera fuese más débil, su papel para estabilizar el clima también sería menor. Diciéndolo todo, la Tierra podría soportar solamente una anémica comunidad microbiana y nada más" (34).

Un último dato que exponemos para no alargarnos más, y a sabiendas de que se quedan muchos más en el tintero, es el de la capacidad que posee este planeta para "autorregularse" climáticamente. "La capacidad de la Tierra para regular su clima depende tanto del agua como del carbono, y no en menor medida que el dióxido de carbono y el vapor de agua –y en menor extensión, el metano– sean gases atmosféricos importantes con efecto invernadero. Estos gases esenciales para la vida se intercambian libremente entre los seres vivos de nuestro planeta, la atmósfera, los océanos y el interior sólido. El dióxido de carbono es altamente soluble en agua y juntos crean un sistema de retroalimentación unificado del clima, que ha conservado la tierra como un planeta exuberante durante los últimos 500 millones de años. Realmente es difícil ignorar lo necesario que es que el medio ambiente del planeta se encuentre tan estrechamente unido a la química de la vida" (35).

No es necesario señalar que en los pocos datos y hechos mencionados arriba, están presentes ciencias como la Física, la Química, la Biología, la Astronomía, las Matemáticas, la Astrofísica, la Arqueología, la Paleontología, la Geografía, etc. que nos prestan valiosos servicios.

## 5. El principio antrópico

Otras razones que pueden aducirse en favor de que solamente la Tierra es un planeta habitable en nuestra galaxia, y probablemente también el único en el universo (conocido), es lo que algunos hombres de ciencia califican como "principio antrópico". A fin de cuentas es poner de relieve que la vida humana, realidad inusitada y maravillosa, en gran medida se debe las condiciones excepcionales que no existen en otro lugar, de manera que al hombre tampoco le sería posible vivir fuera de la Tierra. Viene bien recordar ahora, que las leyes o normas humanas, presuponen la libertad de la personas (destinatarios o súbditos), quienes pueden cumplir o transgredir un mandato; mientras que las leyes naturales, son más bien una expresión fáctica que corresponde al comportamiento igual, estable y constante, de los fenómenos naturales, en los seres inertes y vivos.

El *principio antrópico* podría enunciarse así: "las Leyes y las constante del Universo son las necesarias para que pueda aparecer el hombre sobre la Tierra. Si hubieran sido otras, no estaríamos aquí. Esto sugiere una finalidad en la materia que muchos no están dispuestos a aceptar, y prefieren hablar del azar, de la casualidad, etc. El debate está abierto..." (36). La resistencia, no solo de la aceptación del "principio antrópico" sino de la existencia de una inteligencia y un poder capaz de dar origen o crear cuanto admiramos con los sentidos y la razón, procede, sin lugar a dudas y en buena parte, de no admitir una inteligencia y fuerza superior a la del hombre. Pues si el hombre no puede explicar lo que las cosas son: ¿entonces quién?, ¿la materia bruta?, ¿el azar?...

Muchas son las condicionantes que posibilitan la vida humana en nuestro planeta, entre las que indudablemente intervienen muy diversas clases de leyes que regulan multitud de fenómenos. "Las leyes del universo dependen de unos cuantos números, llamados *constantes universales*. Uno de ellos nos la da la intensidad de la gravedad y determina cómo actúa el Sol, las galaxias, etc. Si esa constante fuese un poco mayor, digamos un diez por ciento superior a la que es, entonces la gravedad sería más intensa en todas partes, y las estrellas se consumirían mucha más de prisa. Sólo habría estrellas gigantes azules, lo que hubiera impedido la aparición y evolución de la vida. Si fuera un diez por ciento menor, por la misma razón sólo habría estrellas enanas rojas, que no admiten planetas templados como la Tierra. (…)

"Otra constante universal controla la velocidad a la que se fusionan los átomos en el Sol, creando otros más pesados como el carbono, base de la vida tal como la conocemos. Si esa constante fuese distinta de la que es, habría poco carbono en el universo, y la vida tal como la conocemos sería imposible.

"No se conoce con exactitud la velocidad con la que empezó la Gran Explosión que dio origen al Universo, pero fue la adecuada para que la velocidad con la que se separan entre sí actualmente las galaxias sea próxima a la velocidad de escape propia de la masa total del Universo, es decir, para que sea un universo plano. Se ha demostrado que si esa velocidad fuese excesiva, no se podrían haber formado condensaciones de materia, como las galaxias. Si esa velocidad fuese lenta, el Universo se habría colapsado hace tiempo. Sólo siendo la que fue ha permitido que estemos aquí" (37).

Lo arriba dicho, nos lleva a pensar vez más que, ni el universo ni nada de lo que en él se contiene, puede ser puro resultado del azar, de materia y energía incontrolable, que se fue disponiendo a sí misma sin ningún plan previo o un objetivo concreto, para producir un cosmos en que impera el orden, y que la humanidad conoce sólo parcialmente tras siglos y siglos de afanosos estudios. En orden natural de las cosas y acontecimientos, en toda acción y reacción encontramos un qué, cómo, por qué y para qué; y, ¿no habrá en toda esa cadena innumerable de causas y efectos que descubrimos, una razón o motivo que los justifique? Por contraste algunos afirman que este universo que su puede explicar por sí mismo y desde sí mismo… ¿será posible explicar la inteligencia, que es infinitamente superior a la materia, desde la misma materia de suyo carente de razón? Nada ni nadie da lo que no tiene. ¡La razón se explica por la sinrazón! "A veces se lleva el principio antrópico demasiado lejos, afirmando que el universo ha debido poseer necesariamente las características que posee. Esto es ir demasiado lejos. El universo que conocemos podía no haber existido, es contingente, no es Dios ni equiparable a Dios. Pero si se evita este exceso, el principio antrópico señala algo bastante obvio: que una vez que existimos nosotros y el resto del universo conocido, se han tenido que dar las condiciones necesarias para los pasos previos a nuestra existencia" (38).

"Incluso un estudio publicado en 1997 sobre el número de dimensiones en los universos posibles, dentro de la teoría de las supercuerdas, concluye que sólo en el que tiene tres dimensiones espaciales y una sola temporal se pueden dar observadores. Las matemáticas con un espacio de menos de tres dimensiones prohíben la gravedad. Si hubiese más de tres dimensiones espaciales, nada podría describir órbitas estables: los planetas y los electrones describirían espirales o serían enviadas al infinito. Por otra parte, un universo con dos o más dimensiones temporales podría existir, pero sería totalmente imprevisible y por lo tanto irracional. Por tanto, vivimos en el mejor de todos los universos posibles" (39).

## 6. El "big-bang" (una explicación)

Después disponer de suficientes datos sobre nuestro *habitat*, acerca de la Tierra, del Sistema Solar y nuestra galaxia, la Vía Láctea, etc., nos parece como pregunta obligada, ésta, que puede plantearse más o menos en los siguientes: ¿cuál es el origen del universo?, o ¿de dónde y cuándo y cómo surgieron las demás galaxias?...

Parece increíble, y no deja de insinuarse bajo aspecto de presunción sin serlo, el hecho innegable de que nos encontramos en "el mejor lugar" del universo, entre otros motivos, porque esto nos ha permitido hacer incontables de investigaciones de todo tipo. "El hecho de que nuestra atmósfera es transparente; de que nuestra Luna tiene el tamaño apropiado y se encuentra a la adecuada distancia y que su gravedad estabiliza la rotación de la tierra; que nuestra posición en la galaxia es la que es; que nuestro Sol tiene la precisa masa y posición que tiene... Todos estos hechos y muchos otros no solo indispensables para hacer habitable la tierra, sino que también han resultado ser sorprendentemente cruciales para los descubrimientos y la medición del universo por los científicos. La humanidad se encuentra inusualmente ubicada para descifrar el cosmos. ¿Somos afortunados desde este punto de vista?" (40).

Por lo que al origen o formación de múltiples planetas, la idea más común es que se formaron después de las galaxias o en ellas, pero a partir de una gran explosión de energía, tras un largo y lento proceso, no son algo de reciente "fabricación", pues "los planetas se han ido formando a base de choques entre pequeñas partículas al principio, y de rocas de varios metros o kilómetros posteriormente. Este proceso disminuyó notablemente después de 300 millones de años, pero todavía hoy se sigue reproduciendo: sólo hay que ver la superficie llena de cráteres de la Luna, de Mercurio o de la mayoría de los satélites de los planetas" (41).

No deja de ser insólito el modo como se llegó a descubrir que el universo emite ondas sonoras o quizá sean los ecos de esa supuesta explosión que dio origen al universo: "...en 1965, dos ingenieros en el laboratorio de Bell Telephone, Arnio Penzias y Robert Wilson descubrieron un exceso de ruido en una antena de radio a siete centímetros de longitud de onda. Descubrieron que procedía de todas las direcciones del cielo con la misma intensidad y no podían atribuirlo a ninguna fuente conocida de radiación. Los cosmólogos rápidamente interpretaron este hallazgo como reliquia del ruido de fondo procedente del Big Bang, que, desconocido para Panzias y Wilson, algunos físicos ya habían predicho. Debido a que fue detectado en la parte de las ondas cortas del espectro electromagnético, se le llama radiación cósmica de fondo de onda corta o fondo cósmico de radiación (CMBR)" (42).

Más arriba hicimos ya una referencia a las interrogantes sobre el origen de la vida, el hombre, el mundo, etc. y ahora del universo. Prestaremos mayor atención a lo que algunos científicos dan como una explicación del principio del universo y coinciden en llamar el *Big Bang* o gran explosión. "Hoy en día, la teoría del origen del Universo como una gran explosión es la más aceptada de la comunidad científica, aunque no faltan quienes la ponen en duda porque aún hay detalles que quedan sin explicación. (...) De la observación de que el universo se expande, se deduce que, dando marcha atrás al tiempo, hubo un principio en el que se produjo la explosión, dando origen al espacio y al tiempo tal como ahora lo conocemos. ¿Qué fue lo que la produjo? ¿Por qué ocurrió? La ciencia no da respuesta. Solo puede intentar explicar cómo se produjeron los hechos a partir de ese momento" (43). Es lógico que la ciencia intente dar una explicación a este fenómeno tan "exclusivo", es parte de su tarea. A nuestro entender sería ni más ni menos que dar razón de cuál es el "origen" de cuanto existe o es, "de todo", y además, como sucedió. Hablamos, por tanto, de un origen o principio por el que las cosas "comenzaron" a existir..., porque al menos "hasta ahí" o "desde ahí" (según se mire), tenemos noticias ciertas de nuestro universo. La pregunta está dirigida al inicio u origen del cosmos, no a pedir una explicación de cómo son las cosas, ya que de ello desde hace siglos se encargan de hacerlo múltiples ciencias. Interesa saber cuál es la causa primera.

Obviamente que en la respuesta a semejante cuestión han de intervenir varias ciencias, como la Astronomía y la Cosmología, la Astrofísica, como las más competentes en este caso, con la valiosa ayuda que ofrecen otras ciencias como las Matemáticas, la Física, la Química, etc., y también de la Filosofía. En suma, se requiere del concurso y aportación de diversas ciencias. "En el nivel astrofísico se encuentran principalmente las estrellas y los planetas. (...) En este nivel se encuentran presentes los fenómenos y características del nivel físico-químico. Incluso puede decirse que el nivel astrofísico pertenece por entero al nivel físico-químico. No obstante, posee también sus propias características que le distinguen del anterior. En general lo que diferencia el *nivel astrofísico del físico-químico* es el gran tamaño de los sistemas que lo componen (...), (estrellas y planetas) poseen un dinamismo y una estructuración propios claramente diferenciados" (44). No sin motivo en el capítulo tercero hicimos expresa referencia a las nociones filosóficas y científicas de causa y efecto y la relación que existe entre ambas en la teoría y en la práctica, es decir, en la realidad.

Está claro que cualquier causa, mientras más perfecta es, mayor y más perfecto será el efecto producido, de no interferir algún obstáculo. Valga el siguiente ejemplo en el orden físco-químico: un horno a mayor temperatura, fundirá más fácilmente los metales contenidos en él que aquel que tiene una temperatura inferior, ya que no es lo mismo estará 500°C que a 2,000 °C. Sucede algo parecido con temperaturas muy bajas o extremadamente altas, porque en tales ambientes disminuyen las posibilidades de vida, ya que no es igual estar a 100°C bajo cero que a 1,500°C arriba del cero: entonces, el "exceso" de frío o de calor es la causa de la imposibilidad de la vida en esas temperaturas. O como en el caso del agua: debajo de cierta temperatura se congela, y por encima de otra temperatura, se evapora, mientras que en otro rango de temperatura permanece líquida.

En cuanto al origen del cosmos, las ciencias ofrecen soluciones a nivel de sus conocimientos e indagaciones, con sus recursos propios, no van más allá, porque rebasar sus propios límites sería una necedad, o no pasaría de tratarse de una mera elucubración. Hoy la ciencia se remonta en el orden de los efectos a sus causas, según los medios de que dispone, y para el caso que nos ocupa hasta una primera y gran explosión hace millones de años, antes de la cual nada pueden decir. El principio de cuanto existe y conocemos está ahí. ¿Y antes de que había? Diremos por el momento que, si todo comienza ahí: no había "antes", no había "nada". En la realidad ocurre algo muy sencillo: no hay tiempo sin cosas o sucesos como tampoco existen cosas y hechos fuera del tiempo y el espacio. Tenemos una primera una respuesta, que expone con bastante sensatez y en pocas palabras una poderosa razón: "la historia del mundo natural tuvo origen en el momento preciso en que arranca el tiempo; un "antes" no existe. Y la historia posiblemente comenzó de la forma que describe la explicación científica conocida como "big bang" (45).

Pero, también cabe considerar que, si hubo explosión es que algo estalló... Bien, ¿qué fue lo que explotó?, y ¿quién o qué le hizo explotar? El dato científico respecto del inicio de la materia o de los seres corpóreos, ha de tomarse de de ellos mismos; y no se tiene noticia de nada antes de dicha "explosión". Por lo mismo, podría decirse que en ese preciso momento o instante comenzó todo, es decir, todo lo que en el tiempo y en el espacio ha venido sucediendo hasta hoy día. La nada no puede explotar o provocar algún tipo de cambio en algo, puesto que es la pura inexistencia, razón suficiente por la que no puede ser causa de nada. Otorgarle a la nada capacidad para algo, es poco menos que absurdo. Como en otro momento dijimos: la nada no es "impotencia" para algo, pero ni siquiera es la misma impotencia, pues la impotencia es, siempre y en cualquier caso, la incapacidad de un ser para realizar algo. (El fuego puede quemar, calentar y dar luz, pero es incapaz de enfriar).

De otro lado tenemos que, toda la fuerza o energía de cualquier ser o ente, capaz de obrar o de causar algo, está en proporción a su naturaleza y perfección del individual. Así, por ejemplo, en el orden de la naturaleza, un perro es más fuerte que un gato, pero un caballo es más fuerte que los dos, y un elefante puede más que todos ellos. De modo semejante, la materia bruta, y más en sus primeras expresiones, necesariamente es incapaz de crear, producir o causar un mundo superior o mejor ella sí misma. Y cuando menos, por lo que a la vida se refiere, sabemos no es tan solo materia, sino que después de larguísimos y complicados procesos, y al cabo de millones de años apareció o surgieron los primeros seres vivos, a partir de una o varias células vivas. Posteriormente se generando y reproduciendo seres vivos más complejos, hasta que finalmente "aparece" el hombre (animal racional), ser vivo compuesto de materia y espíritu. Si la vida fuese pura materia, todo ser corpóreo (material) debía ser vivo también, y sin embargo existen seres inertes...

Como en su momento dijimos, el espíritu (inmaterial) no puede tener origen en la materia. Entonces, ¿de dónde procede?... La materia sola no puede hacer o conformar un universo como el nuestro. ¿Podrían un montón de piedras formar una presa, una muralla, un castillo o rascacielos al paso del tiempo? La evolución y transformación de un conjunto de metales ¿podrían fabricar un submarino o un avión? La bomba atómica la inventaron y fabricaron unos científicos, seres inteligentes, no fueron los elementos físico-químicos que la integraban; y fueron también hombres la hicieron explotar. Más complejo y más perfecto que todo eso es el universo. Esto nos conduce a pensar al menos en la posibilidad de una Inteligencia ordenadora y creadora, una Primera causa de cuanto existe. El hombre puede explicar la materia pero la materia no puede explicar al hombre. ¿Por qué todo tiene explicación desde la materia o partir de ella, y en cambio no la tiene la materia misma?

Más sano y lógico es pensar en una causa previa a la materia, una causa que ocasionó o provocó tal explosión de materia o energía, origen del universo y cuanto contiene. "En el instante inicial toda la materia y energía estaban en una singularidad infinitamente pequeña y densa. El *Big Bang* fue la explosión del espacio al tiempo. En ese momento ya estaban como en germen, todas las leyes de la Naturaleza: sólo tenía que pasar tiempo para llegar a la situación actual. En esos comienzos, a temperaturas elevadísimas, las cuatro fuerzas que ahora conocemos estaban unificadas: la gravedad, la fuerza electromagnética, la nuclear fuerte y débil –estas dos últimas sólo actúan en el interior de los átomos, y por tanto son menos "famosas" entre la gente– estaban unidas. Enseguida se separaron, y se formaron los fotones, los electrones, los protones y las demás partículas elementales" (46).

Sin duda que posteriormente a esa magna explosión de energía, la materia se fue estructurando u organizando, dando lugar a múltiples fenómenos de tipos muy variados, de diferentes magnitudes, provocando nuevos o distintos seres de características y conformaciones diferentes, con una determina consistencia en unos y otros, generando simultáneamente condiciones para nuevos eventos, según las posibilidades o capacidades de esos mismos entes, de acuerdo con su naturaleza (primero inertes y luego vivos), y esto, según leyes que ellos mismos desconocían…, pues por experiencia sabemos que todos los seres poseen junto a sus cualidades o propiedades específicas, también ciertas limitaciones. ("No se le pueden pedir peras al olmo", reza un viejo refrán). ¿Qué detrás de todo esto?… "La cosmología estudia cómo se formó el universo a partir del Big Bang o gran explosión de una concentración enormemente densa de materia primitiva. Si llamamos "creación" del universo al Big Bang, ya no hay problemas. Eso es lo que hace Halliwell en su artículo. Dice, por ejemplo, que Stephen Hawking ha utilizado la cosmología cuántica para "comprender lo que sucedió antes de la explosión". Queda claro que la "creación de que se habla no es la creación en sentido absoluto" (47).

Las piezas de un reloj están pensadas y fabricadas para desempeñar una función específica en el conjunto de la maquinaria, para medir el tiempo y dar la hora. "El modelo de la Gran Explosión presenta el universo como algo dinámico, en el cual se da no solamente la expansión sino también la evolución del contenido material del universo. Esta evolución consiste en una serie de transformaciones sucesivas que van en dos direcciones: por un lado hacia el equilibrio, la estabilidad y la máxima entropía, y por otro, hacia la creciente complejidad y organización que se da a través de la integración de las estructuras dinámicas capaces de acumular energía e información" (48). Nuestro universo no es estático sino dinámico (aunque estable). Pruebas, las hay abundantes. Nuestro mundo es cambiante, y para no dejar las cosas en el aire, no hay más que reflexionar en algo tan simple como esto: hoy ya no existen algunas especies de plantas y animales que vivían hace unos miles o millones de años.

Cuando miramos por la noche un cielo estrellado, lo mismo hacen algunos astrónomos que desde los grandes telescopios auscultan y estudian el espacio sideral, ellos nos dicen, por ejemplo, que algunas estrellas que ahora vemos no existen ya. Sucede que hasta ahora nosotros percibimos o recibimos la luz que emitieron hace cientos o miles de años...., es decir, estamos "viendo" algo que no es real sino fue en su momento, a distancias de tiempo y espacio inimaginable, a años luz... Este hecho nos ayuda a situarnos mejor en este mundo, en el tiempo y lugar en que nos encontramos y vivimos, que sí es real, ahora; y a la vez nos permite percatarnos de la brevedad del hoy, su fugacidad.

"El modelo del Estado Regular fracasa porque no predice, no solo la radiación de fondo, sino también las más recientes observaciones que muestran la evolución inversa de las galaxias con la distancia. Cuando miramos más y más lejos en el espacio, realmente estamos mirando hacia atrás en el tiempo. Según tratamos de ver más y más profundo en el pasado vemos galaxias en estados mucho más primitivos, precisamente lo que se podría esperar si la teoría del Big Bang es correcta. En las famosas imágenes tomadas por el telescopio espacial Hubble, que se llaman campos profundos de Hubble, vemos galaxias cuyo corrimiento al rojo las sitúa a alrededor de 9,000 millones de años luz. Esto significa que estamos viendo galaxias distantes no en su estado "presente", sino como existieron alrededor de 9,000 millones de años. De modo similar, la radiación de fondo encierra información sobre el universo recién nacido" (49). El espacio y su contenido está en movimiento, no es algo inmóvil, como bien sabemos, la luz "viaja" (se mueve), e igualmente los astros se encuentran en continuo movimiento, aunque solamente sea por la fuerza de atracción, etc. De la Tierra, ya hemos dicho suficiente.

## Capitulo VI

(1)  Cfr. *"Nueva Geografía . . ."*, op. cit., T. VII

(2)  Cfr. *"Enciclopedia Barsa"*, op. cit., T. 14

(3)  Cfr. *"Nueva Geografía . . . ."*, op. cit., T. VII

(4)  Cfr. *"Ciencias naturales"*, Ed. Bruguera, Barcelona 1976, T. XI

(5)  Cfr. *"Nueva geografía . . ."* op. cit., T. VII

(6)  González G., y Richards, J.W., op. cit., 44

(7)  Ibid. p. 52-53

(8)  Moreno R., op. cit., p. 55

(9)  Cfr. Ibid. pp. 181-182

(10) Ibid. p. 51.

(11) Ibid. p. 57

(12) Ibidem.

(13) Ibid. p. 54

(14) Ibidem.

(15) Cfr. *"Enciclopedia práctica . . ."*, op. cit., p.15

(16) González, G., y Richards, J.W., op cit., p. 105

(17) Ibid., pp. 112-113

(18) Moreno, R., op. cit., pp. 177-178

(19) Ibid. op. cit., p. 67

(20) Miroslaw, K. op. cit., p. 158-9 (Cfr. L. Oster, *"Astronomia wospolczesna"*, op. cit., pp. 368-373; I. Asimov, *"Introducción a la ciencia"*, op. cit., p. 46)

(21) González, y Richrads, op. cit., p. 55

(22) González, G., y Richards, J.W., op. cit., p. 59.

(23) Cfr. *"Ciencias Naturales"*, op. cit., T. XI

(24) Choza, Jacinto, op. cit., p. 30

(25) Moreno, R. op. cit., p.75

(26) Ibid. p. 74

(27) Ibid. p. 76

(28) Ibid. p. 75

(29) González, G., y Richrads, J.W., op. cit., p. 56

(30) Ibid. p. 59

(31) Moreno, R. op. cit., p. 66

(32) González, G., y Richards, J.W., op. cit., p. 14

(33) Ibid. p. 80

(34) Ibid. pp. 117-118

(35) González, G., y Richards, J.W., op. cit. pp., 58-59

(36) Moreno, R., op. cit., p. 201

(37) Ibid. pp. 199-200

(38) Artigas, M., y Turbón, D., op. cit., pp., 94-95

(39) Moreno, R., op. cit., pp. 200-201

(40) González, G. y Richards, J.W., op. cit., p. 14

(41) Moreno, R., op. cit., p. 52

(42) González, G., y Richards, J.W., op cit., p. 205

(43) Ibid. op. cit., 191

(44) Miroslaw, K., op. cit., p. 157

(45) López Moratalla, N., op. cit., p. 11

(46) Moreno, R., op. cit., p. 192

(47) Artigas, Mariano, "Ciencia . . ." op. cit., p. 149.

(48) Miroslaw, K., op. cit., pp. 158

(49) González, G., y Richards, J.W., op. cit., p. 206

# CAPITULO VII

## Algunas intervenciones de la iglesia catolica

Puesto que no han sido varias las incorrectas interpretaciones de la Biblia con relación algunos temas de investigación científica, usándola unas veces como un respaldo de determinadas teorías, y otras tomándola como un obstáculo para ciertos avances científicos, no está de más recordar algo que se ha dicho repetidas veces al respecto: que la Biblia no es un libro científico. Por lo mismo, no se ha de conceder a la Biblia la confianza que se le da a la ciencia, como tampoco debe otorgarse a la ciencia la fe que requiere la Biblia. La razón y la fe están en dos niveles diferentes: la primera en se apoya en la razón iluminada por la fe, en un orden sobrenatural; y la segunda (ciencia), solamente cuenta con la razón y opera en el orden natural. Y no hay motivo de contradicción sino de complementación, excepto cuando la ciencia se encuentra en el error.

Podemos introducir este breve capítulo acudiendo a una reflexión sencilla pero ayuda a centrarnos mejor en la cuestión que está de por medio. "Es importante señalar que, cualquiera que sea la posición que adoptemos sobre la evolución, el problema de la espiritualidad humana sigue en pie. (...) se plantea tanto si adoptamos una perspectiva evolucionista como nos olvidamos de ella (...). En definitiva, la evolución no plantea básicamente nuevos problemas con respecto a la espiritualidad humana. El interrogante acerca del alma espiritual en cada persona se plantea tanto si pensamos que descendemos de unos australopitecos, como si pensamos en el origen de nuestro propio organismo" (1).

**1. Enseñanza tradicional.** La Iglesia Católica ha enseñado desde su inicio, que el hombre es una criatura divina, lo que significa que no surgió de la nada y que no es puramente material, sino compuesto de cuerpo y alma, creado por Dios. En el libro del Génesis se narra que el hombre fue creado a imagen y semejanza de Dios, fueron creados varón y mujer. Al primer hombre (Adán) lo hizo del barro de la tierra y luego sopló en sus narices (o en el rostro), y fue entonces un ser vivo (2). Dios creó la primera pareja de seres humanos para tener prole y dominar el mundo al que antes había dado el ser (3). Dios es el Creador de cuanto existe, no solo del hombre sino también del universo entero, pero sus obras no fueron hechas en un instante, sino que el autor del Génesis, habla de siete días (etapas) en que toda clase de seres fueron recibiendo la existencia de la nada, es decir, sin una materia preexistente, y por única intervención del libre querer y poder divinos. Y descanso el último día de cuanto hizo (4).

"La persona humana, creada a imagen de Dios, es un ser a la vez corporal un espiritual. El relato bíblico expresa esta realidad con un lenguaje simbólico cuando afirma que "Dios formó al hombre con polvo del suelo e insufló en sus narices, aliento de vida y resultó ser el hombre un ser viviente" (Gn. 2, 7). Por tanto, el hombre en su totalidad es *querido* por Dios" (5). De una sola pareja desciende todo el género humano y no da varias, como algunos han pensado. "Debido a la comunidad de origen, *el género humano forma una unidad.* Porque Dios "creó, de un solo principio, todo el linaje humano" (Hch. 17, 26; Cf. Tb 8, 6)". (6). Además no posee dos naturalezas por estar constituido de materia y espíritu, sino una sola y ambas constituyen un único individuo. "La unidad del alma y del cuerpo es tan profunda, que se debe considerar el alma como la "forma" del cuerpo (Cf. Cc. De Vienne, año 1312, DS 902); es decir, gracias al alma espiritual, la materia que integra el cuerpo es un cuerpo humano y viviente; en el hombre, el espíritu y la materia no son dos naturalezas, unidas sino su unión constituye una única naturaleza" (7).

**2. S.S. Pío XII.** A propósito de la teoría de la evolución, varios Pontífices han intervenido no tanto para "declarar" como para aclarar ideas e interpretaciones sobre este asunto, pero lógicamente desde la perspectiva de la religión, de la fe, sin ánimo de entablar polémica y sobre todo exponiendo la interpretación de la Revelación y lo que el cristiano debe saber de esto sin desautorizar lo que es competencia de la ciencia. Después de la publicación de las obras de Darwin, fueron muchas las discusiones venidas desde muy diferentes sectores intelectuales que, con el tiempo, iban engrosando la polémica, dando lugar algunas tomar en ocasiones posturas extremas, descalificadoras para sus opositores, aportando soluciones a veces poco acertadas o parciales. La intervención de S.S. Pío XII, dejó claras unas cuestiones que habrían de servir como puntos de referencia para continuar investigando sobre dicho tema. "El Magisterio de la Iglesia no prohíbe que, según el estado actual de las ciencias humanas y la Sagrada Teología, se trate en las investigaciones y disputas en uno y otro campo, de la doctrina del "evolucionismo", en cuanto busca el origen del cuerpo humano en una materia viva y preexistente –pues las almas nos manda la fe católica sostener que son creadas inmediatamente por Dios–; pero de manera que con la debida gravedad, moderación y templanza se sopesen y examinen las razones de una y otra opinión…" (8).

**3. El Concilio Vaticano II.** Del último Concilio Ecuménico, puede decirse que, sin intentar referirse directamente al tema del evolucionismo y en continuidad con la doctrina de siglos, al respecto, para e caso que nos ocupa, sirve como un punto de luz el siguiente texto: "El Padre Eterno creó el mundo universo por un libérrimo y misterioso designio de su sabiduría y de su bondad, decretó elevar a los hombres a la participación de su vida divina..." (9). También el mismo Concilio, en otro documento, acerca de la Revelación afirma: "Ahora bien, como en la Sagrada Escritura, habló Dios por medio de hombres a la manera humana, el intérprete de la Sagrada Escritura, si quiere ver con claridad qué quiso Dios comunicarnos, debe inquirir atentamente qué quisieron realmente significar y qué le plugo a Dios manifestar por las palabras de ellos" (10).

**4. S.S. Juan Pablo II.** Reseñamos a continuación algunas breves citas de intervenciones del último Romano Pontífice del siglo XX, refiriéndose expresamente al tema de evolucionismo, en ocasiones diferentes dijo:

a) "Por lo que se refiere al aspecto puramente naturalista de la cuestión, ya mi inolvidable predecesor el Papa pío XII llamaba la atención, en 1950, en su Encíclica *Humani generis* sobre este hecho: el debate en torno al modelo explicativo de "evolución" no encuentra obstáculos en la fe, con tal que la discusión permanezca en el contexto del método naturalista y de sus posibilidades". En otro momento del mismo discurso, afirma: "Es evidente que este problema grave y urgente no puede resolverse sin la filosofía. Corresponde precisamente a la filosofía someter a un examen crítico el modo en que los resultados y las hipótesis se adquieren; superar de las extrapolaciones ideológicas la relación entre teorías y afirmaciones singulares: situar las afirmaciones naturalistas y su alcance, de modo particular el contenido propio de las afirmaciones naturalistas" (11).

b) Justo un año después (1986), el mismo Pontífice, abordaría este delicado asunto en una *Audiencia General*, señaló: "El hombre creado a imagen de Dios es un ser al mismo tiempo corporal y espiritual, es decir, un ser que, desde un punto de vista, está vinculado al mundo exterior y, desde otro, lo trasciende. En cuanto espíritu, además de cuerpo es persona" (n.1). En el número siguiente o continúa diciendo: "Que el hombre sea espíritu encarnado, si se quiere, cuerpo informado por un espíritu inmortal, se deduce ya de algún modo, de la descripción de la creación contenida en el libro del Génesis y en particular de la narración "jahvista", que emplea, por así decir, una "escenografía" e imágenes antropomórficas. Leemos que: modeló Yahvé Dios al hombre de la *arcilla* y le puso en el rostro *aliento de vida*, y fue así el hombre ser animado (Gen. 2,7) La continuación del texto bíblico nos permite comprender claramente que el *hombre*, creado de esta forma, se *distingue* de todo el mundo visible, y en particular *del mundo de los animales*.(…) Si bien en la descripción "jahvista" no se habla del "alma", sin embargo *es fácil deducir de allí* que la vida dada al hombre en el momento de la creación es de tal naturaleza que trasciende la simple dimensión corporal (la propia de los animales). Ella toca, más allá de la materialidad, la *dimensión del espíritu*, en la cual está el fundamento esencial de esa "imagen de Dios", que (Gen. 1, 27) ve en el hombre". Y un poco más adelante, añade: "Las fuentes bíblicas autorizan a ver el hombre como unidad personal y al mismo tiempo como dualidad de alma y cuerpo: concepto que ha hallado expresión en toda la Tradición y enseñanza de la Iglesia" (n.5).

"(…) se debe decir que, desde el punto de vista de la doctrina de la fe, no se ven dificultades para explicar el origen del hombre, en cuanto cuerpo, mediante la hipótesis del evolucionismo. Es preciso, sin embargo, añadir que la hipótesis propone solamente una probabilidad, no una certeza científica. En cambio, la doctrina de la fe afirma de modo invariable que el alma espiritual del hombre es creada directamente por Dios" (n.7)". (12). Por ser el alma humana de naturaleza espiritual, es evidente que no puede ser fruto de la evolución de la materia, además de que los padres tampoco pueden generar el alma humana sino solamente engendrar el cuerpo de sus hijos mediante la fecundación.

c) Con anterioridad, al inicio del mismo año en la *Audiencia General* (29-I-1986), se había referido al mismo tema, iniciando su discurso con estas palabras: "1. La verdad de que Dios ha creado, es decir, que ha sacado de la nada todo lo que existe fuera de Él, Tanto el mundo como el hombre, halla su expresión ya en la primera página de la Sagrada Escritura, aun cuando su plena explicitación solo se tiene en el sucesivo desarrollo de la Revelación". Luego, en el n. 6 del mismo discurso, añadía: "Desde hace casi dos mil años, *la Iglesia profesa y proclama invariablemente* la verdad de que la creación del mundo visible e invisible es obra de Dios (...). La Iglesia *explica y profundiza* esta verdad, utilizando la filosofía del ser y la defiende de las deformaciones que surgen de vez en cuando en la historia del pensamiento humano" (13).

d) Después de una década hacía una referencia expresa al riesgo de interpretaciones incorrectas de las Sagradas Letras y la importancia de considerar en esto la legítima autoridad eclesiástica, en el *Mensaje a los miembros de la Academia Pontificia de Ciencias*. (Vaticano, 22-X-1996). "Por mi parte, cuando recibí el 31 de octubre de 1992 a los participantes de la asamblea plenaria de vuestra Academia, tuve la ocasión, a propósito de Galileo, de atraer la atención hacia la necesidad de una hermenéutica rigurosa para la interpretación correcta de la Palabra inspirada. Conviene delimitar bien el sentido propio de la Escritura descartando interpretaciones indebidas que hacen decir lo que no tiene intención de decir. Para delimitar bien el campo de su objeto, el exégeta y el teólogo deben mantenerse informados acerca de los resultados a los que llegan las ciencias de la naturaleza" (14).

**5.** El *Catecismo de la Iglesia Católica* enseña, a propósito de la persona humana: "en virtud de su alma y sus potencias espirituales de entendimiento y voluntad, el hombre está dotado de libertad, "signo eminente de la imagen divina" (GS, 17)" (15). Una vez más se destaca la espiritualidad del hombre como un elemento que le es propio y distintivo, por el que además es capaz de un conocimiento muy superior al obtenido por la sola sensibilidad, la también le permite conocerse a sí mismo y a Dios su Creador; en tanto que gracias a la libre voluntad ama, elige o rechaza aquello que la inteligencia le presenta como bueno o como malo, decide, se compromete, y a la vez puede establecer relaciones con sus semejantes los hombres, que van más allá de del gregarismo o de una individualismo inútil y estéril. Y por tanto, también las relaciones con su Creador no quedan solamente en la pura dependencia para ser y permanecer en la existencia (dependencia ontológica), sino también de conocimiento y amor mutuo.

**6.** Joseph Ratzinger (hoy *Benedicto XVI*), siendo todavía Arzobispo de Münich, con una referencia directa al tema de la evolución, señaló de manera clara: "No podemos decir: creación o evolución; la manera correcta de plantear el problema debe ser: creación y evolución, pues ambas cosas responden a preguntas distintas. La historia del barro y del aliento de Dios, que hemos oído antes, no nos cuenta cómo se origina el hombre. Nos relata qué es él. Y a la inversa, la teoría de la evolución trata de conocer y describir períodos biológicos. Pero con ello no puede aclarar el origen del "proyecto" hombre, su origen íntimo ni su propia esencia. Nos encontramos, pues, ante dos preguntas que en la misma medida se complementan y que no se excluyen mutuamente" (16). En definitiva, a la misma pregunta, una es la respuesta que da la Revelación divina, y otra, en el nivel científico la que ofrece la ciencia; una corresponde a la fe y la otra a la inteligencia. Querer negar con una la incapacidad o insolvencia de la otra, es no haber captado la realidad que hay en el fondo de la cuestión.

**7.** La ***Comisión Teológica Internacional***, publicó un documento en el que fue tema de estudio la dignidad de la persona humana y su dependencia de Dios, al igual que la creación entera. Escogemos algunos párrafos que encajan en el tema que venimos tratando:

"Dado que se ha demostrado que todos los organismos vivientes de la Tierra están genéticamente conectados entre sí, es prácticamente seguro que todos ellos descienden de ese primer organismo. Los resultados convergentes de numerosos estudios en ciencias físicas y biológicas inducen cada vez más a recurrir a alguna teoría de la evolución para explicar el desarrollo y la diversificación de la vida sobre la Tierra, aunque hay todavía

opiniones diversas en relación a los tiempos y a los mecanismos
de la evolución. Ciertamente la historia de los orígenes humanos
es compleja y sujeta a revisión, pero la antropología y la biología
molecular, llevan a sostener que el origen de la especie humana
tuvo lugar en África hace cerca de 150,000 años en una población
de homínidos consta ascendencia común" (n. 64).

"La creación *ex nihilo* es la acción de un agente trascendente
*personal*, que actúa libre e intencionalmente volcado en la
realización de la finalidad totalizante de un compromiso personal.
En la tradición católica, el origen de los seres humanos articula
la verdad revelada de esta visión fundamentalmente relacional
o personalista de Dios y de la naturaleza humana. La exclusión
del panteísmo y del emanacionismo en la doctrina de la creación
puede ser interpretada en su raíz como un modo de defender esta
verdad revelada. La doctrina de la creación inmediata o especial
de cada alma singular no solo afronta la discontinuidad ontológica
entre materia y espíritu, sino que además ofrece las bases para
una divina intimidad que abraza a cada persona humana singular
desde el primer momento de su existencia" (n. 65)

"Los teólogos pueden advertir que la teoría del *Big Bang*
no contradice la doctrina de la creación *ex nihilo*, siempre que
se pueda afirmar que la suposición de un inicio absoluto no
es científicamente inadmisible. Puesto que la teoría del *Big
Bang* no excluye la posibilidad de un precedente estado de la
materia, es posible observar que dicha teoría parece dar un apoyo
simplemente *indirecto* a la doctrina de la creación *ex nihilo*, que
en cuanto tal puede ser conocida solamente a través de la fe"
(n. 67)" (17).

## Capitulo VII

(1)  Artigas, M., "*Ciencia . . .*", op. cit., p. 129

(2)  Cfr. Gen. 1, 26-27

(3)  Cfr. Gen 2, 7

(4)  Cfr. Gen 2, 28

(5)  Cfr. Gen 1,1 ss; 2, 1-2

(6)  CEC, n. 360 (*Catecismo de la Iglesia Católica*)

(7)  Ibid. n. 365.

(8)  Pio XII, Enc. *Humani generis* (12-VIII-1950); Cfr. CEC, nn. 366, 367

(9)  Const., *Lumen gentium*, n. 2

(10) Const., *Dei Verbum*, n. 12

(11) *Discurso a Estudiosos en el Simposio Internacional sobre la Fe cristiana y la Teoría de la evolución*; Roma, 26-IV-1985. (tomado de Artigas M., y Turbón, D. op. cit., pp. 150-151)

(12) Audiencia General; Roma, (16-IV-1986) "*El hombre imagen de Dios, es un ser espiritual y corporal*" (tomado de Artigas, M., y Turbón, D., op. cit., pp. 156-158)

(13) Audiencia General; Roma, (29-I-1986) "*La creación es la llamada al mundo y el hombre de la nada a la existencia*" (tomado de Artigas, M. y Turbón, D., Artigas, op. cit., pp. 152-154)

(14) Juan Pablo II, *Mensaje a los miembros de la Academia Pontificia de Ciencias* (22-X-96) (tomado de Artigas M. y Turbón, D., op. cit., p. 161

(15) CEC, n. 1705

(16) J. Ratzinger, op. cit., p. 76

(17) Comisión Técnica internacional; "*Comunión y servicio: La persona humana creada a imagen de Dios*" (23-VII-2004). (tomado de Artigas, M., y Turbón, D., op. cit,, pp. 168-170)

# ANEXO I
## CIENCIAS NATURALES Y RIESGO DEL REDUCCIONISMO

## 1. La ciencia.

La realidad entera no puede ser abarcada, conocida y explicada por una sola ciencia. Recordemos el antiguo adagio que expresa mucha experiencia y sabiduría: "cuatro ojos ven más que dos". Una visión más completa del mundo no la ofrece tanto un saber enciclopédico como la armonía, equilibrio y conjunción que diferentes ciencias nos dan de la parcela de realidad que es objeto de su estudio, sin desdeño para aquellas que en cierto sentido son subordinadas de otras que son superiores por su objeto de estudio o profundidad de conocimiento de la misma realidad.

Es importante tener en cuenta, dos cosas que quizá por resabidas, se omiten o dan por supuestas sin serlo realmente. Primero, es necesario recordar que la ciencia es un conjunto de "saberes humanos". En sentido genérico, al hablar de la ciencia nos referimos a todas aquellas que merecen tal nombre, no a suposiciones, hipótesis, opiniones, rumores, etc. La ciencia es un conocimiento verdadero y cierto de las cosas y de sus causas, sean inmediatas o remotas. Lo opuesto a la ciencia o conocimiento, es la ignorancia de las causas de por qué suceden las cosas. Si nos quedásemos con lo puramente fenoménico, lo que aparece como tal o impresiona nuestros sentidos, no estaríamos en condiciones de hacer ciencia, pues todo quedaría en sensaciones y percepciones, es decir, en un nivel irracional. "Lo más científico que existe lo constituyen los principios y las causas. Por su medio conocemos las demás cosas, y no conocemos aquéllos por las demás cosas" (1).

La certeza al igual que la probabilidad y la opinión, no verdades graduales sino estados de la inteligencia o de la mente de la persona respecto de una afirmación que hace respecto de alguna cosa o suceso. Solamente si hay una real correspondencia entre la cosa y lo que de ella se dice, existe la verdad en la inteligencia, pues de lo contrario nos encontramos ante un error o falsedad. En todo caso, según que sea mayor o menor el énfasis con que algo se afirma o se niega puede hablarse de certeza, probabilidad, opinión o duda. La ignorancia es el desconocimiento de algo. Algo muy distinto es que se conozcan diversos aspectos de la misma verdad o realidad, donde sí cabe la gradualidad. De manera clara y tajante, el Estagirita, afirma: "... ninguna de las acciones sensibles constituye a nuestros ojos el verdadero saber, bien que sean el fundamento del conocimiento de las cosas particulares; pero no nos dicen el porqué de nada; por ejemplo, nos hacen ver que es caliente, pero sólo que es caliente" (2). La ciencia no es el culmen de la sensibilidad sino de la actividad racional. La ciencia es por esencia un conocimiento "teórico" de las cosas. El uso o aplicación de la ciencia para fines prácticos o útiles, etc., es lo que da origen a llamar a algunas ciencias "prácticas", pero en sentido estricto deberían denominarse "teórico-prácticas", pues la sola práctica ("praxis") no es ciencia por definición sino un hacer.

No hay ciencias exclusivamente prácticas, pues se trataría más que nada de fabricar o de hacer cosas (útiles o no), pues en cualquier caso se requiere de conocimientos, mismos que han de tomarse siempre de alguna ciencia, la que basada en buena medida en la experiencia, aporta un conocimiento práctico. "Incluso si se rechaza el realismo científico y se aceptan posiciones instrumentalistas o pragmatistas, la singularidad de la capacidad cognoscitiva humana, seguiría siendo patente, ya que, en cualquier caso, nadie puede poner en duda que la ciencia experimental proporciona, a través de métodos muy sutiles, instrumentos para dominar de modo controlado la naturaleza y que, por tanto, debe existir al menos una adecuación entre los enunciados científicos y la base empírica relacionada con ellos" (3).

El hombre es un ser teórico y práctico, toda vez que por esencia o modo de ser propio, conoce y actúa. Conoce sensible e intelectualmente; pero cuando actúa, no lo hace de manera instintiva solamente sino conforme al conocimiento racional que posee de las cosas, y procurando algunos objetivos o finalidades, unas veces propuestas por sí mismo y otras impuestas por la Naturaleza. Mas en todo caso, obrando con libertad, que es otra propiedad esencial del ser humano. "Pero debe tenerse en cuenta que la razón especulativa y la práctica convienen en algo, pero en algo difieren. Efectivamente, convienen en que, así como la razón especulativa comienza por un principio y por los medios llega a la conclusión intentada, así también la razón práctica llega por algo primero y por ciertos medios a la operación o a la obra que intenta. Pero en lo especulativo el principio es la forma y la "esencia"; sin embargo, en lo práctico es el fin que unas veces se identifica realmente con la forma y otras no. Además, en lo especulativo el principio debe ser siempre necesario; pero en lo práctico no siempre lo es" (4).

En la persona humana, teoría y praxis son dos actitudes y aptitudes diferentes y complementarias, no excluyentes. "En definitiva, partiendo de la experiencia sensible adquirimos un saber espontáneo, un conocimiento ordinario de la realidad que se da en todos los hombres, ya que la experiencia común es asequible a todos. El conocimiento ordinario adquirido por la experiencia, se extiende a todo tipo de problemas, es decir, abarca no sólo problemas de tipo teórico sino también problemas prácticos de de la vida humana, y así proporciona un conocimiento que luego las ciencias y la filosofía estudian de modo sistemático para lograr conclusiones inalcanzables por el solo conocimiento ordinario" (5).

En cierto sentido la técnica consiste en la fabricación de instrumentos para facilitar la investigación, como la adquisición y aplicación de nuevos conocimientos científicos, o bien, para hacer que tal o cual ciencia disponga de medios más adecuados para conseguir sus objetivos propios. Así, podría hablarse de ciencias solamente teóricas como la Química (cuando únicamente atiende a la investigación), o las Matemáticas (puras o no aplicables); si en cambio, son usadas o aplicadas a las cosas con otro fin que no sea el puramente especulativo, es decir, el saber por sí mismo, entonces son consideradas como ciencias teórico-prácticas o ciencias experimentales, según los casos. Toda ciencia necesariamente presupone la abstracción: no hay ciencia o saber racional sin ideas. Pero que la ciencia sea aplicada a lo práctico o al hacer, es considerar otro aspecto o posibilidad de la ciencia. En cambio, puede permanecer en la pura línea del saber, creciendo en intensidad y extensión, pero exclusivamente en campo del conocimiento de la realidad.

Finalmente la única ciencia que se ocupa de la realidad entera, de todo cuanto existe (el ente en cuanto ente) es la Filosofía o *Metafísica*, según el entender de Aristóteles (6), y estudia su objeto por sus causas últimas. Las demás ciencias solamente se interesan por una parte de la realidad, y estudian su objeto por sus causas próximas o inmediatas (el ser material o el ser vivo únicamente, propio de la ciencias particulares), y entre ellas están, por ejemplo: la Química, la Física o la Biología, (el ser material y/o el ser vivo exclusivamente). Así que, ni la Sociología, la Psiquiatría o la Arqueología, por ejemplo, no se ocupan de todo cuanto existe y tampoco se hacen cargo de las causas últimas de su objeto de estudio.

Suelen llamarse *ciencias experimentales*, aquellas que están en un primer nivel de conocimiento o abstracción, e incluyen en su método de operación la posibilidad de repetir o producir los fenómenos que estudian, y por lo general disponen de instrumentos adecuados que facilita su conocimiento y mensurabilidad. La experimentación o capacidad de repetir innumerables veces un mismo fenómeno o suceso, generalmente trata de: "disponer adecuadamente las causas para la aparición de algún fenómeno" (7). De esta manera existe, una parte de la Física, como de la Química y la Biología, y otras ciencias, realizan experimentos, o sea, preparan o disponen y producen, con determinados elementos y ciertas condiciones, un conjunto de fenómenos o eventos a fin de estudiarlo y obtener conclusiones, etc. Suelen repetir fenómenos que se dan espontáneamente en la Naturaleza.

## 2. Las ciencias y la naturaleza

Cada una de las ciencias tiene o se ocupa de una parcela del ser o de la realidad, pues ninguna abarca la totalidad de cuanto es o existe. Así, por ejemplo, ni la Física ni la Química o la Biología, agotan el ser o la realidad, y una prueba de ello es que cada una se ocupa de un aspecto de ser o de una parcela de la realidad, ya los seres vivos ya los inertes, según hemos visto. A continuación consideraremos algunos puntos de referencia importantes acerca de tres ciencias muy conocidas, ciencias experimentales, que de alguna manera se ocupan de los elementos fundamentales que constituyen de la materia y al ser vivo. Solo haremos alusión a conocimientos básicos y del dominio del vulgo.

Por lo que toca a los seres inanimados, estos padecen cambios o modificaciones en estratos o niveles distintos, considerando que fenómeno "es todo cambio o modificación de las propiedades de los cuerpos. Si el cambio no altera la estructuras de las moléculas es físico" (8). La Física "es una ciencia experimental que estudia los fenómenos que no alteran la estructura molecular de los cuerpo, así como las causas que los producen" (9). Mientras que la Química es la "ciencia que trata de la composición de los cuerpos y de los cambios que dicha composición llega a sufrir

(...) El rápido desarrollo que ha alcanzado la química moderna ha hecho dividir su estudio en tres grandes ramas: la química orgánica, la inorgánica y la física" (10). Así las cosas y resumiendo, decimos que: cuando se operan cambios o alteraciones en las propiedades de los cuerpos, nos encontramos ante fenómenos físicos; pero si esos cambios afectan las estructuras moleculares de los cuerpos (materia), de tales fenómenos se ocupa la Química. Por ejemplo, si en el agua solamente se modifica su temperatura, es un fenómeno de orden físico, en cambio es químico cuando el agua se descompone en sus elementos integrantes: hidrógeno y oxígeno. En conclusión, existen fenómenos en los que se altera o modifica la estructura molecular de un cuerpo y en otros no, pero siempre hay siempre algún tipo de cambio.

En el campo físico, "por materia se entiende la sustancia de que están hechos todos los cuerpos que nos rodean" (11). Los seres materiales tienen como propiedades: la extensión o volumen que les permite concretamente ocupar un el lugar en el espacio; la impenetrabilidad, propiedad por la que ninguna molécula puede ocupar el mismo lugar o espacio ocupado por otra (12). También encontramos en la materia otras propiedades, como: la individualidad, la divisibilidad, la multiplicidad, la continuidad y la movilidad además de la ubicuidad. Todo lo que en lenguaje corriente llamamos seres corpóreos, están constituidos por materia, motivo por el cual ella es su elemento común y definitivo. Sin embargo hay que tener presente que por lo general, "los físicos no suelen considerar la materia ni como una noción ni como una "realidad" originaria, sino más bien como subsumida en la noción de masa convertible en energía" (13).

Todo lo que es extenso es divisible. "Todo cuerpo puede dividirse en porciones, éstas a su vez subdividirse en otras más pequeñas, y así sucesivamente hasta conseguir fragmentos, de extremada pequeñez que conservan las propiedades fundamentales de la sustancia de donde proceden. Sin embargo este proceso de división no puede continuarse hasta el infinito; hay un límite de tamaño, pasado el cual, aquellas propiedades originales cambian por completo. A esta porción material es a la que se da el nombre de molécula" (14). Los ejemplos se pueden multiplicar respecto a otras ciencias, lo cual confirma lo anterior (ninguna ciencia experimental o ciencia particular estudia a todo el ser), porque si dos o más ciencias atendieran el mismo objeto de estudio y bajos la misma perspectiva con los mismos métodos, etc. porque entonces serían una y la misma ciencia, pues las diferencias entre ellas las marcan su objeto de estudio o el aspecto que del mismo objeto estudian, o bien el nivel o grado de conocimiento y sus métodos, entre otras cosas. Pero, si de hecho hay muchas ciencias, esto significa que son muchas las que se hacen cargo de la misma realidad, pero cada una atiende o se hace cargo de una parte o un aspecto de ella.

Biología, "etimológicamente es el tratado de la vida, pero en realidad (...) no es un tratado o ciencia general sobre la vida sino sólo sobre aquellos aspectos de la misma, o, mejor, de los seres vivientes, que son accesibles al método descriptivo, experimental, físico y químico, propio de las ciencias naturales o fenoménicas" (15). El ser vivo más pequeño que se conoce es la célula. A partir de ella, según sus variedades y su multiplicidad, se conforma todo otro ser vivo, más complejo y por ello más perfecto. "Si se comienza por lo más sencillo, los seres vivos con la excepción de los llamados virus, están formados por una unidad estructural y fundamental, que puede cumplir todas las funciones vitales, llamada célula" (16). Toda célula, a su vez, está compuesta por tres elementos imprescindibles: el núcleo, el protoplasma y la membrana.

Además, "la multitud de seres vivientes que existen, animales, vegetales y microbios, exigen para su estudio racional y científico de una clasificación que les encuadre en distintos grupos según sus afinidades morfológicas, anatómicas o genéticas" (17). El mundo de los seres vivos es tan amplio, que las ciencias biológicas se han dividido principalmente en dos grandes apartados para llevar a cabo sus estudios propios: la Botánica (vida vegetativa) y la Zoología (vida animal). La vida, según hemos dicho en otros lugares, en un nivel más operativo y en cierta medida finalizado, por encima de la pura materia o energía, porque "la síntesis entre exterioridad e interioridad en que consiste la vida es, pues, posible, si el control está en la simultaneidad, y si en ella hay energía suficiente como para dar órdenes y procesar energía físico-química, pues esa simultaneidad no se autorrealiza o no se despliega en la interioridad real y más profunda más que en su despliegue en la exterioridad" (18).

La vida es muchos más que materia y movimiento o cambio, y de una variedad y riqueza sorprendente. Nos abocamos ahora, muy someramente, al ente o ser vivo más pequeño conocido por ahora que es la célula. La célula es: "es la unidad biológica de los organismos vivos (...) La célula asilada tiende a asumir una forma esférica, mientras que cuando existen varias en distintos tejidos la forma que adopta generalmente es de aspecto poliédrico con el fin de prestar un poco de espacio, una mayor superficie de intercambio para las necesidades funcionales propias y para aquellas necesidades del organismo en general. En algunos casos la célula posee una forma característica que no tiene tendencia a cambiar" (19).

Hay que hacer notar que la célula desempeña ciertas funciones propias y puede unirse a otras para formar tejidos, etc., hasta llegar o integrar organismos. Ya no se da en este nivel el cambio o movimiento exclusivamente por energía, magnetismo o fuerzas atractivas y repelentes, como en los seres inertes, en el orden puramente físico. La vida rebasa el nivel meramente físico material, sin ser solo de una mejor o distinta distribución de las partes o elementos que componen al ser vivo, como entre los seres inanimados, "... en la vida vegetativa se realiza algo realmente maravilloso. La transformación de la materia inerte en materia viva. La materia inorgánica adquiere en el ser vivo, mediante complejos procesos metabólicos, unas características nuevas, más complejas (como la auto-organización), integradas en otro ser" (20).

Otra característica o propiedad consiste en que: "cada célula está constituida por el llamado *citoplasma, núcleo y orgánulos citoplasmáticos*, separados del ambiente externo por una membrana específica cuya estructura la consideraremos unitariamente al papel de cada una de las células. Diremos también que las propiedades que poseen cada una de las células permiten el expresar la actividad específica a través de los fenómenos de la naturaleza físico-química fácilmente revelables con los métodos actualmente a nuestra disposición" (21). En el ser vivo, incluso en su minúscula realidad, existe una mayor complejidad y cohesión entre sus elementos integrantes, que aquel que se da regularmente en los seres inertes. "La aparición de un organismo vivo es la aparición de una novedad que no se deduce de los elementos que lo integran, como ya se dijo en el caso de la aparición del agua o los aminoácidos, pero tratándose en el caso de la vida, de una novedad mayor: de la aparición de la interioridad, de la memoria" (22).

Nos extendemos un poco más en la atención prestada a la célula, ya que guarda, como veremos, una particular relación con la génesis de la vida y particularmente del ser humano, objeto principal de nuestro trabajo. Otro aspecto de importancia capital a tomar en cuenta respecto de la célula, es que debido a la clase de fenómenos que en ella tienen lugar, evidencian que la vida es un "plus" en la materia a la que rebasan, ya que los fenómenos biológicos, incluyen aspectos físicos y químicos, por eso no es extraño que ver que existe una interrelación entre las tres ciencias a las que antes nos hemos referido. Conforme ascendemos en nivel de perfección del ser, encontramos una mayor complejidad, mayor número de elementos intervienen en su composición, motivo por el que señalamos otra característica significativa, y es que: "la propiedad física más importante del protoplasma (o sea de todo el material comprendido en el interior de la membrana plasmática), está representada por el estado de agregación de las moléculas en él contenidas por lo que puede estar dotado de plasticidad, de elasticidad, de viscosidad, etc., según las variantes de algunos parámetros endógenos o exógenos de la célula.

"Desde el punto de vista químico son numerosos los elementos orgánicos e inorgánicos que entran a formar parte de las muchas moléculas contenidas en el protoplasma celular. De éstos últimos, el agua representa casi constantemente el 75 o 90% de todo el protoplasma; el 20-20% está representado por compuestos del carbono con hidrógeno, oxígeno, etc., cuyas cadenas moleculares dan lugar a los glúcidos, lípidos, proteínas ya a los ácidos nucleicos (RNA-DNA)" (23). Frente a este pequeño y a la vez inmenso panorama, debe señalarse de modo especial, que también aquí existen fenómenos químicos, advirtiendo que los ácidos RNA y DNA serán decisivos en la naturaleza y conformación de los seres vivos, o sea, en su modo de ser y por ello también de actuar (nutrición, desarrollo, reproducción, morfología, relaciones y dependencias de otros seres vivos, tiempo de vida, etc.).

Retomando la perspectiva química en este mismo asunto, nos muestra sumariamente la relevancia que el ADN y RDN tienen para los seres vivos, pues los cromosomas: "constan fundamentalmente del acido desoxirribonucleico (…) y también de ácido ribonucleico y diversas proteínas; la secuencia del ácido desoxirribonucleico es lo que determina las propiedades hereditarias de los cromosomas. La cantidad de ADN del núcleo celular de una determinada especie es relativamente constante y solo se incrementa cuando los cromosomas se duplican. (…) El ácido ribonucleico (ARN) de los cromosomas transmite la información hereditaria contenida en el ADN al resto de la célula" (24). De lo anterior sacamos en claro que lo inerte está en función y al servicio de la vida, porque la vida muestra mayor perfección y superioridad que la materia inerte.

Por lo que a la sexualidad se refiere, juegan también un papel importantísimo papel, porque "el sexo viene determinado por la proporción entre cromosomas X–Y. En el hombre y muchos otros animales, las hembras son XX y los machos XY; la hembras darán gametos iguales con un cromosoma X el sexo homogamético; los machos darán dos tipos, sexo heterogamético, unos con el cromosoma X y otros con el Y; existirá un 50% de posibilidades, de que al unirse los gametos en la fecundación resulte una combinación XX, hembra, o XY, macho" (25). De esto obtenemos un dato inconfundible que muestra un camino, sin lugar a dudas, el único y más seguro, que conduce al conocimiento del origen del hombre (*homo sapiens*), Nos permite remontarnos, en el famoso "árbol genealógico", sin necesidad de inventar o suponer algún "eslabón" perdido en la cadena generacional, a sabiendas de que dos eslabones no forman una cadena, y que, si una cadena se rompe en dos o más partes, se trata ya de dos, tres o más "cadenas" diferentes y no una, por lo en caso dado, habría que comparar las semejanzas y diferencias entre el último eslabón de una cadena y el primero de la(s) otra (s); sin perder de vista que, el ser humano (*homo sapiens*) es el único ser vivo que cuenta 46 con cromosomas. (Dos eslabones no forman una cadena, pero de dos eslabones o más, pueden formarse varias cadenas, siendo cada uno el primero de ellas).

De la materia inerte a la vida hay un salto, una diferencia tal que no parece reducirse a simple modo de organización, de agregación o mezcla, pues incluso aún reuniendo y mezclando o combinando debidamente de intento los elementos indispensables, preguntamos: ¿por qué no se ha "producido" la vida? Todos los organismos vivos, así vegetales como animales y hombres, están integrados por células. Además, ya se trate de una sola célula (protozoarios o bacterias) como de millones de ellas, con independencia del género o especie a que esos seres vivos pertenezcan, siempre está presente en ellos el protoplasma, que consta de dos partes: el núcleo (parte densa y central) y el citoplasma (parte más fluida). A su vez la materia protoplásmica en un 99% está formada por los mismos elementos químicos, que son: carbono, hidrógeno, oxígeno y nitrógeno. Y en el protoplasma residen todas las funciones de la vida, y además en él se realizan los procesos físico-químicos y los cambios energéticos básicos del proceso vital (26). Para la vida resultan ser imprescindibles, como mínimo, la presencia de esos 4 elementos químicos; pero no menos importante son las funciones efectuadas por el protoplasma, que la posibilitan. De donde podemos concluir que es la célula la unidad biológica fundamental de cualquier organismo vivo.

Así como de la "unión" y no de simple agregación, se produce un cambio o mutaciones (movimiento) en los seres inertes a nivel atómico y sub-atómico, ocurre otro tanto en los seres vivos, sólo que con características y efectos distintos. Tanto las uniones como las mezclas y las simples aglomeraciones, son diferentes manifestaciones del grado de cohesión entre los elementos que participan en esos fenómenos. Algo similar ocurre en otro orden, por ejemplo, tratándose de seres (cosas) de grandes dimensiones, como los planetas, las estrellas y soles, sistemas y galaxias, en el espacio interplanetario o intergaláctico, etc. De modo que en cierto sentido, mirando atrás, nos encontramos tanto con el cambio o movimiento, como con lo estable y permanente. Dicho de otra forma, lo mismo en el micro-mundo y en el macro-mundo existen seres inertes, compuestos exclusivamente de materia, aunque algunos de sus elementos integrantes también son elementos componentes del ser vivo. "Desde 1922 en que Oparín propuso su hipótesis sobre el origen de la vida, hasta el modelo de Eigen en 1981, se han producido muchas novedades en el campo de la bioquímica y de todas las ciencias, algunas de ellas "revolucionarias", y sin duda se seguirán produciendo en el futuro, E igualmente a partir de cada nuevo modelo que se proponga, se volverá a formular la cuestión de si se puede obtener vida en un laboratorio" (27).

## 3.  La causa y el efecto

Dos nociones de suma importancia en todo conocimiento humano, y por tanto, en cualquier clase de ciencia, son las nociones de causa y efecto. Estas nociones corresponden a la realidad, es decir, son también principios reales, en el sentido que no son meras ideas puesto que tienen una correspondencia con las cosas mismas, de las que son tomadas o abstraídas. Son, además, co-dependientes, pues no se dan separadamente, o sea, no hay ideas innatas o nociones ajenas a toda realidad, que luego habrá que buscar el modo de aplicarlas… No hay causa sin efecto y ni efecto sin causa; si existe el efecto, necesariamente existe la causa. En la realidad unas cosas (entes) dependen de otras. Nada hay que pueda causarse a sí mismo (ser a la vez causa y efecto de sí mismo).

También es preciso advertir que hay diversos órdenes o niveles de causas y efectos. Generalmente se llama *causa* a aquello de lo cual algo depende en el ser o en el hacer. A manera de ejemplos, podemos decir con toda razón que: realmente el hijo (efecto) "depende" de su padre (causa) para existir; como el agua depende del fuego (causa) para calentarse o hervir (efecto); así como un virus es la causa de una determinada enfermedad o de una epidemia, etc. Por el contrario, si no existe el padre tampoco existiría su hijo..., ni habrá epidemia sin virus, etc.

No se trata de un principio o una regla lógica, de algo puramente mental sino de algo real. No fue inventada esta dependencia o relación entre la causa y el efecto, sino descubierta en la realidad misma de las cosas, y nos sirve para explicarnos el mundo, tal como es. La idea o noción de virus no afecta ni perjudica en ningún modo nuestra inteligencia, pero es real el virus en cuestión como lo es la epidemia y también es real la relación entre ellos. Retomando el tema de la causalidad, éste no hay que confundirlo con otras nociones, que también correspondientes a la realidad, como serían: la coincidencia, la simultaneidad, la sucesión o secuencia, etc., donde no aparece ninguna dependencia real y objetiva entre una causa y un efecto determinado. No tienen en la realidad y en la inteligencia el mismo valor y significado. Una causa es real cuando el efecto que produce también lo es. No hay casualidad ni generación espontánea.

A todo efecto corresponde una causa. Nada ocurre sin razón o motivo alguno. La llamada *casualidad* y el *azar* no existen, carecen de realidad. Muy distinto es que se ignore o admita la probabilidad de que tal o cual efecto podría tener esta o aquella causa; es algo semejante a atribuir, sin ninguna certeza, a un agente o elemento, ser la causa de un hecho o fenómeno concreto ocurrido en cierto tiempo y lugar; o que se disponga de datos insuficientes para emitir un juicio categórico acerca de algo. No es, pues lo mismo, afirmar: es una coincidencia, es la suerte, fue el destino..., y cosas semejantes, que conocer como tales el efecto y su causa. Sin mayor complicación, por ejemplo, si alguien juega con dos dados: echados a "suerte" (para ver cuánto suman), habrá que decir de antemano, que se ignora el número que dará cuando dejen de girar sobre la mesa, pero tal número nunca será superior a doce ni inferior a dos, pues el número menor de cada dado es uno y el mayor es seis. Considerando el caso desde las matemáticas, "necesariamente" dará un número variable entre dos y doce; pero la "causa" de que puedan sumar tres o siete o diez, es porque implícitamente existen esas posibilidades en los dados, no más. La voluntad humana sólo puede arrojarlos, no el que sumen la cantidad deseada (a menos que estén trucados). Y así por el estilo en tantas cosas.

Nada, pues, sucede sin una causa que lo produzca, y a su vez, todo cuanto acontece tiene una causa, como el viento es la causa de que se desprendan algunas hojas de un árbol… "Se llama causa, ya a la materia de que una cosa se hace; el bronce es la causa de la estatua (…); ya la forma y el modelo, así como sus géneros, es decir, la noción de la esencia (…). También se llama causa al primer principio del cambio o del reposo. La causa es también el fin, y entiendo por esto aquello en vista de lo que se hace una cosa (…) Por último, se llaman causa todos los intermedios entre el motor y el objeto" (28). Así que las principales causas son cuatro: material, formal, eficiente y final. En el nivel puramente físico muchas veces es el movimiento es explicado remitiéndose a determinadas "fuerzas" por las que los cuerpos se atraen o repelen (29). Esa atracción de rechazo entre determinados cuerpos tiene su origen en la naturaleza de cada uno de ellos y a la influencia recíproca es otra de las causas de esa atracción o repulsión, como ocurre, por ejemplo, entre los campos energéticos (o magnéticos) de polos positivo y negativo.

Como puede comprobarse, las causas son reales y real es su capacidad para intervenir en todos los entes y sucesos, capacidad que radica en los mismos entes conforme a su naturaleza, como antes dijimos, y tales cusas no son algo extraño a la realidad, como si actuasen desde fuera. Son las cosas mismas las que actúan entre sí de diversos modos, produciendo efectos diferentes según los casos, como en el ejemplo antes mencionado del artista (agente): sirviéndose se sirve de algunos instrumentos (causas instrumentales) para producir una estatua, una pintura, o un médico para hacer una curación para devolver la salud (causa final). El martillo y el escoplo, como los pinceles y el lienzo, o el bisturí o la medicina, no hacen lo propio sin una causa que los mueva (manipule). "El principio de causalidad como derivado del de razón suficiente, es un *primer principio*, y, como todos los primeros principios, es evidente. Por ser evidente, es indemostrable y, para captar su contenido basta recorrer sus términos. Su negación nos conduce al absurdo" (30). Negar la causalidad es admitir la posibilidad de que existan efectos carentes de causa, o que puede suceder algo sin razón, ni motivo que lo justifique o provoque.

La noción de causa como tantas otras usadas en la Filosofía y en las Ciencias, han de estar fundadas en la realidad de las cosas porque de lo contrario no habría más que elucubraciones. "Además de las causas propiamente dichas y de las causas accidentales, se distinguen también las causas en potencia y las causas en acto (...). Finalmente, las causas accidentales y las causas esenciales pueden encontrarse reunidas en la misma acción..." (31). El mundo del que se ocupa la Filosofía, es el mismo del que se hacen cargo las demás ciencias, solo hay variantes en los modos y los medios para tratarlo. Lo que las ciencias hacen consiste principalmente en explicar el cómo y el porqué de las cosas en un nivel inmediato, mientras la Filosofía se remonta a sus últimas causas, cada cual con términos propios, pero refiriéndose a la misma realidad.

La causa inmediata o próxima de un terremoto, de la oxidación de un objeto metálico o de un embarazo, por ejemplo, serán explicados de modo diferente según la ciencia que de ellos se ocupe, se trate de la Física, la Química o la Biología y la Filosofía. Según el nivel en el que se profundice en las causas y de la ciencia en cuestión, tendremos explicaciones diferentes del mismo fenómeno. "Nuestra caracterización se centra a dos aspectos básicos de lo natural: la existencia de un dinamismo propio y de pautas estructurales. Se trata de dos dimensiones reales de lo natural, que se manifiestan ampliamente tanto en la experiencia ordinaria como en el conocimiento científico. Lo natural posee un dinamismo propio cuyo despliegue sigue pautas temporales y sigue estructuras espaciales que, a su vez son fuentes de nuevo despliegue del dinamismo. Por tanto lo natural puede caracterizarse mediante el entrelazamiento del dinamismo y la estructuración espacio temporal, y de tal modo que las estructuras espacio-temporales giran en torno a las pautas específicas que se repiten" (32).

## 4. El movimiento (cambio)

El cambio o movimiento es una constante en la Naturaleza. También a nivel de la sensibilidad o por medio de los sentidos percibimos el cambio o movimiento. Además de los que "a simple vista" captamos, existe otro tipo de cambio más profundo y radical en el ser, que acontece, por ejemplo, en niveles físico, químico y biológico. Lo conocemos, si aplicamos nuestra mirada más allá de los "los ojos ven", mirando simultáneamente con la inteligencia, sin quedarnos en los datos sensibles, y así conseguiremos entender que al lado o junto al cambio, también hay algo que permanece.

No todo es cambio, ni todo cambia y tampoco cambia o se modifica de la misma manera. Sirva de ejemplo, algo tan sencillo como esto: nos damos cuenta que, con el tiempo, una manzana (u otra fruta) va cambiando de tamaño, de color, de peso, de sabor, etc.; pero aunque cambia por fuera y por dentro, hay algo que permanece, que sustenta esos cambios accidentales (accesorios o secundarios), permaneciendo el mismo individuo, es esa "manzana" (la sustancia) en la que se realizan esas modificaciones (permanece la misma sustancia). También los hombres y las mujeres cambiamos: desde que somos concebidos y luego nacemos, somos los mismos hasta el día en que morimos, a pesar de los cambios que hemos experimentado (permanece la sustancia: la persona). Sin embargo, existen algunos tipos de cambio que sí modifican a la sustancia o individuo: es el caso de la manzana que es comida y digerida por una persona, que desaparece como tal manzana para convertirse, mediante la digestión, en parte de la persona que la ingiere, pues la persona no se convierte manzana... En este caso, nos referimos a un cambio sustancial o esencial, no solamente accidental, es secundario (33). Igual, cuando muere una persona, cambia sustancialmente, porque ya no es un hombre o una mujer, es un cadáver, no hay vida...

Los seres naturales, es decir, toda sustancia o individuo es portador de una esencia o "modo de ser", y es ésta precisamente la que hace al individuo ser "lo que es" y no otra cosa diferente (mármol, ciprés, gato, ciprés, hombre, etc.). Ese modo de ser responde a la noción de naturaleza o esencia de las cosas. Somos capaces de conocer tanto los cambios esenciales como accidentales, aunque suelen ser más accesibles a nuestros sentidos los cambios de carácter accidental (no sustancial), que no modifican la esencia del individuo, como por ejemplo: el cambio de pelaje en el perro, el crecimiento del ciprés, un ladrillo que se rompe en tres pedazos, o el niño que aprende a hablar... Los "accidentes" son las diferentes características que perfeccionan y completan al individuo, y cambiando ellos cambian igualmente el sujeto (sustancia) afectándolo de modo accidental, como la persona que aumenta de peso o crecer de tamaño. Estos y otras clases cambio, se dan y las conocemos en el orden físico y filosófico también.

Resumidamente, según Aristóteles, todas las cosas (entes) que existen son "sustancias", las cuales se encuentran siempre (interna o externamente) por los accidentes les perfeccionan y afectan de distinta manera. Los "accidentes" dependen en cierto modo de la naturaleza o esencia de cada individuo (sustancia), y son variables (hasta 9), como: la cualidad y la cantidad, el lugar, el tiempo, la acción y la pasión, la relación con otros seres, etc. Entre ellos, los más conocidos son, por ejemplo, los de cualidad, de cantidad de lugar, y de esencia o naturaleza. Aristóteles llegó a distinguir cuatro principales tipos de cambio: de cantidad, de cualidad, de lugar y el cambio substancial. Toda sustancia tiene una o varias de potencialidades (capacidad) para cambiar, y el cambio es propiciado (causado) por un agente distinto de esa sustancia (cosa, individuo). Y esa modificación o cambio, es decir, la actualización o puesta en la realidad de tal o cual posibilidad de la cosa, se denomina "movimiento" en el nivel filosófico. El movimiento o cambio se reduce, pues, al tránsito de la potencia al acto; y cuando el cambio modifica la naturaleza o esencia de la sustancia (ente), se califica como cambio sustancial, mientras que es accidental en cualquier otro caso.

Todas las cosas son "algo", no nada más "son" o existen. El término algo, generalmente hace referencia (vaga) a la naturaleza o esencia de la cosa; y el verbo ser (es), señala que ese algo existe, es real. Todo ente o sustancia que existe tiene un "acto de ser" propio, mismo que la pone la existencia: lo hace ser o existir (estar fuera de la nada). Consecuentemente toda sustancia o cosa, tiene un "modo de ser" (esencia o naturaleza), que a su vez puede ser participado por miles o millones de individuos, en tanto que el "acto de ser" es propio de cada individuo, es exclusivo e incomunicable. Por esto, hay muchos individuos iguales, porque tienen la misa naturales, como: cipreses, gatos, hombres, etc.; pero el acto por el que existen no es común o participable sino propio. Tenemos entonces que, todo ente (sustancia) está integrado necesariamente de una esencia o naturaleza más un acto de ser. Y si en su esencia o naturaleza está incluida la "materia prima", se trata de un ente corpóreo, un ser material.

Otro asunto de importancia es que, generalmente, cuando sin más especificaciones se dice que "algo es": estamos distinguiendo el "ser" de la cosa (existir), de su esencia o naturaleza (algo). Es evidente que no todo cuanto existe, es decir todas las cosas, no son lo mismo, pues hay variedad de esencias y simultáneamente multiplicidad de individuos (sustancias), como hemos visto. Y en todos ellos es posible que se den cambios de tipo accidental y esencial (34).

## 5. Elemento primigenio y constitutivo del ser corpóreo.

*Materia prima* (primera o primigenia) es el nombre que la Metafísica asigna al elemento ínfimo e íntimo del que se compone todo ente corpóreo –por pequeño que sea–, cualquiera que sea su composición elemental a nivel físico elemental. Esto significa que aún las partículas configuran o estructura el átomo, del que hace siglos se pensaba era el elemento más pequeño de los integrantes de la materia o energía. Se trata de un *co-principio* inseparable de la esencia (*forma*) en todo ser corpóreo. Esa *materia prima* es ingenerable, indestructible y simultáneamente, lo más indeterminado que existe –pues "en" ella y "de" ella están constituidos todos los seres corpóreos, todo ser material, siendo su primer componente junto con la esencia (naturaleza), que le hace ser "lo que" esa cosa o ser es.

Mas como ya dijimos arriba, lo que hacer ser existir a cualquier ente (cosa) es su propio "acto de ser" (*actus essendi*), y una vez puestos en la realidad, los seres pueden actuar, influir, o transformar unos a otros; pero al no tener su ser como esencia, y limitándose mutuamente su acto de ser con su esencia (naturaleza), solamente "son algo" (piedra, rosa, caballo, hombre...), no existen en sí y por sí mismos. Por tener participado (recibido) su acto de ser, no pueden transmitirlo, de aquí que únicamente les sea posible actuar con otros seres, o influir en ellos modificándoles como también ser afectados por las acciones de otros. La esencia actúa y perfecciona la materia prima, haciéndole ser "algo", ésta o aquella cosa (ser corpóreo inerte o vivo). La materia primera (primigenia) y la esencia o "forma", son los dos co-principios constitutivos de todo ser corpóreo. Mientras que la esencia especifica a la sustancia, la materia prima la individúa (35). Esos seres reales son también llamados entes o sustancias, filosóficamente; y en lenguaje vulgar y corriente las llamamos cosas, objetos, individuos..., piedra, gato, rosa, hombre, etc. En definitiva: no hay nada que solamente exista (que tuviese el ser), y nada que fuese pura esencia o naturaleza (perro, hombre, etc.).

Les seres materiales tiene una estructura y composición en diversos niveles: físico, químico y biológico, etc. Son las diversas ciencias las que –con mayor o menor profundidad y extensión–, dan razón o explican, la multiplicidad y variedad de seres y fenómenos que pertenecen a su campo de estudio y operación, mostrando las "causas" inmediatas o próximas de esos objetos o seres. Las causas las últimas o remotas, que no son menos reales, están fuera del alcance de los métodos e instrumentos de las ciencias experimentales, por esto únicamente la inteligencia o razón es capaz de llegar a tales causas superando el método exclusivamente experimental y material, en que gran parte de las ciencias se manejan.

No toda la realidad "experimentable" (científicamente comprobable en los laboratorios). Por ejemplo, el fenómeno del pensamiento es medible como descargas energéticas (mínimas), pero no por ello puede decirse que el pensamiento es, sin más, pura energía (eléctrica). Si fuese cierto, cómo o quién puede indicar cuantitativa o cualitativamente la energía (producida o consumida) por de la idea de elefante, o de qué color es la noción de palmera, o de amor…, etc., o cuánto pesa la idea (aunque sea ínfima) de kilogramo, de sol o de mujer; y otro tanto respecto de una argumentación…; o también, cuál es la diferencia energética entre la verdad y la falsedad.

De la misma manera cabe cuestionarse en el "mundo" de las matemáticas, que es puramente ideal (los números no son reales, tampoco materiales, solamente son pensados), aunque "miden" (cuantifican) algunos aspectos de la realidad o sean empleados con fines prácticos. Los números y cantidades, no son experimentables por más que se les combine en todas las maneras hasta ahora usadas…, y ayuden a explicar y manejar miles de cosas: no son reales, ellos no existen. "En los entes de razón no hay esta diferencia entre identidad formal e identidad real, porque los entes de razón no se realizan; así, "2 es 2" es una entidad formal porque el 2 que hace de sujeto y el 2 que hace de predicado son el mismo, y no media entre ellos ninguna actividad por parte del sujeto para ser plenamente sí mismo" (36).

Son reales los diez "dedos" de las manos pero el número "diez" no existe, así como son reales los tres "perros" que tiene el vecino, pero no el número tres…Las cosas a las que se aplican o se refieren los números son reales, mientras los números tienen una entidad racional, como las ideas. Los números miden magnitudes pero no hacen ser a las cosas, ni ellas se reducen a esas dimensiones o cálculos, etc. "Medir una magnitud es compararla con otra de su misma especie que se toma como unidad" (37).

Es verdad que conocemos la realidad, por eso hablamos de lo irreal como aquello que carece de entidad alguna, aún más, damos como cosas contrarias u opuestas la realidad misma con respecto a los sueños y a la fantasía. Pero también hemos de decir que los sueños y la fantasía tienen cierta entidad, no en sí mismos sino como fenómenos "experimentables" por las personas, como por ejemplo, comer, dormir o caminar; está comprobado que los hombres soñamos. Se trata, pues, de "realidades" psicológicas o fenómenos bio-psíquicos, o meras elucubraciones mentales, pero aún así, tienen entidad en cuanto son pensados, imaginados, o productos de sensaciones, recuerdos e imaginaciones, por lo general. Una cosa es soñar y otra que sea real lo soñado.

Por otra parte, no dudamos en decir que realidad puede ser conocida, explicada y utilizada por algunas ciencias, pero la realidad sobrepasa los puros datos materiales y reglas o leyes que la explican, aunque éstas nos ayudan a entenderla y usarla o transformarla. Así por ejemplo, la ley gravitacional, explica mediante una fórmula matemática un fenómeno físico: la fuerza de atracción (real) que los cuerpos ejercen entre (recíprocamente); pero la ley que lo enuncia no existe como tal, y tampoco los números que la explican…, como si fuesen cosas o sustancias materiales, mientras que son reales los cuerpos y la atracción, etc. Por su comportamiento, "parecería" que las cosas y los seres vivos conocieran las leyes a que están sometidos. De este modo decimos que las leyes existen.

Las ciencias que de manera principal y primaria se ocupan de los seres corporales (materiales), en sus diversas manifestaciones, inertes y vivos, incluyendo al hombre, acerca del ser humano no conseguirán cada una ni todas juntas dar una cabal explicación de la persona, pues no se ocupan del hombre en cuanto tal, como hemos tenido oportunidad de verlo en páginas anteriores, lo que no desautoriza de suyo los resultados de sus investigaciones, porque "hay algo a lo que la ciencia no puede llegar: resolver el interrogante del sentido último de la vida humana. En el hombre hay algo más que va más allá de los condicionamientos económicos o sexuales. Es la búsqueda de Algo, o mejor, de Alguien que responda a un anhelo humano que está más allá de lo económico o sexual. Es un interrogante permanente que acude al hombre en forma de deseo de inmortalidad y de búsqueda de sentido último, en forma de búsqueda de felicidad infinita" (38).

## 6. Instrumentación

Cuando un fenómeno se repite con relativa frecuencia y siempre sucede del mismo modo, en las mismas condiciones y circunstancias, hablamos de la existencia de una "ley". De tal manera lo consideramos así, que aunque todavía no tenga lugar el fenómeno (hecho), el enunciado de la ley nos permite anticiparnos a él intelectualmente hablando, nos adelantamos a modo de pre-visión y predicción; y cuando se realiza, entonces "verificamos" esa ley (el enunciado de la ley es veraz). Así tenemos, por ejemplo, que una ley física: "es un enunciado general que expresa las condiciones en que se verifica un fenómeno físico" (39). Por lo mismo, a la atracción de los cuerpos hacia el centro de la Tierra, por ejemplo, le llamamos "gravedad"; y "ley de la gravitación" a la explicación científica de tal fenómeno.

Habiendo hecho mención de algunas ciencias experimentales al ocuparnos de los seres materiales, debemos estar sobre aviso de que, tanto los laboratorios como las máquinas o instrumentos que en ellos se emplean, son como una extensión de nuestras propias facultades o potencias, como por ejemplo: el telescopio siendo de suyo es un artefacto, él no ve pero sí nos permite aumentar enormemente nuestra visibilidad respecto de objetos lejanos, que a "golpe de vista" normal no alcanzamos. Ocurre algo semejante con el microscopio. Por tanto, ni el telescopio ni el microscopio ven (miran), son nuestros ojos, pero tampoco son ellos los que realizan juicio alguno acerca de lo que ven o captan, puesto que no pueden hacer otra cosa que "ver", fijar la mirado en algún objeto... Somos nosotros y los científicos quienes miramos y juzgamos. Es la persona que observa (científico) quien: considera, contempla, compara, etc. y hace juicios o elabora los enunciados de las leyes que rigen esos fenómenos observados. No inventamos o establecemos las leyes. Es la inteligencia humana la que conoce, interpreta, relaciona, concluye y expone los hechos observados, o sea, enuncia las leyes o normas del comportamiento de los seres.

En definitiva, los instrumentos científicos refuerzan y potencian nuestros sentidos, para: ver, oír, palpar, memorizar, etc., pero ellos no piensan por nosotros. No existen ni habrá "máquinas inteligentes", aunque así se diga de algunas de ellas, porque realizan funciones u operaciones que hace o haría un ser inteligente. Son simples artefactos hechos con una finalidad, son "instrumentos", máquinas "programadas" sin más, pues no "aprenden" ni "discurren" algo nuevo, diferente, tampoco prevén otras posibilidades ni consideran más variables que las predeterminadas, son incapaces de dar soluciones a situaciones "nuevas" como hace el ser humano, pues lo "imprevisible" les escapa. La inferencia les resulta imposible al igual que la abstracción, como es el modo de pensar y discurrir del ser humano. Ya de suyo hay una "brecha" entre el ser vivo y el inerte, pero además, "la diferencia entre máquina y organismo vivo no estriba principalmente en las funciones: no estriba en que la máquina no tenga imaginación, memoria, capacidad de valorar, etc., porque las tiene en la medida en que se puede programar (...). La máquina lo que no tiene es *cuerpo*, y en esto estriba la diferencia fundamental: y la máquina no tiene cuerpo porque no tiene *psique* (acto primero del cuerpo físico organizado): no es una estructura funcional dotada de la energía suficiente para cumplirse por sí misma" (40).

La máquina exclusivamente opera (funciona) conforme a un programa preestablecido. Este tipo de artefactos o máquinas, en calidad de medios o instrumentos, por complejos y perfeccionados que sean, al igual que los seres irracionales: son incapaces de encontrarse o hacer frente a "lo desconocido", "lo imprevisto", y "resolver". El hombre es un ser de soluciones. El hombre, además de hacer eso, es capaz de descubrir, relacionar, inventar, solucionar problemas y aún de rectificar cuando yerra o se equivoca. La máquina no toma decisiones ni elige de propia iniciativa, aún entre las "opciones" posibles ya está predeterminada la "elección"; no así el ser humano que: busca opciones o propone opciones y toma decisiones.

## ANEXO I (Reduccionismo científico)

(1) Aristóteles, *Metafísica*, Lib. I, c. 2 (Espasa-Calpe, México 1992)

(2) Ibid. Lib. I, c.1,

(3) Miroslaw, K., op. cit., p. 253

(4) Aquino, Sto. Tomás de, *Suma contra gentiles*, Lib. III, cap., 97

(5) Miroslaw, K. op. cit., p.68

(6) Aristóteles, op. cit, Lib. I, 1-2; Lib. IV, 1-2; Lib. XI, 1-3. (Dice el mismo Aristóteles en el libro II de su *Metafísica*: " . . . con mucha razón se llama a la filosofía la ciencia teórica de la verdad. En efecto, el fin de la especulación es la verdad, el de la práctica es la mano de obra". Y antes, en el libro I, afirma: "La ciencia, que tiene por objeto la verdad, es difícil desde un punto de vista y fácil desde otro. Lo prueba la imposibilidad que hay de alcanzar la completa verdad, y la imposibilidad de que se oculte por entero". Así nos muestra que es propio del hombre conocer, y la dificultad para elaborar la ciencia, que ha de incrementar constantemente sus conocimientos, buscando la verdad, en cualquier nivel y objeto de estudio que tenga cada cual).

(7) A.V., "*Física*", op. cit., p.11

(8) Ibid. p.10

(9) Ibid. p.12

(10) "*Enciclopedia Barsa*", op. cit., T. 12

(11) A.V., op. cit., p. 9

(12) Ibid. p. 12

(13) Choza, Jacinto, op. cit., p. 104

(14) A.V., op. cit., p. 9 (Los mismos autores añaden un poco más adelante: "Las moléculas también son susceptibles de dividirse bajo la influencia del calor, de la electricidad y de los agentes químicos, pero al dividirse pierden la naturaleza de la sustancia primitiva")

(15) *Gran Enciclopedia Rialp*, Madrid 1971, T. IV

(16) Ibidem.

(17) Ibidem.

(18) Choza, Jacinto, op. cit., p. 55

(19) "*Enciclopedia Médica*" (Britannica), Madrid 1982, T. 1

(20) García Cuadrado, J.A., op. cit., pp. 48-49

(21) "*Enciclopedia Médica . . .*, op., cit., T. 1

(22) Choza, Jacinto, op. cit., p. 69

(23) "*Enciclopedia Médica*", op. cit., T. 1

(24) "*Enciclopedia Salvat*", Barcelona (México) 1976, T. 4

(25) Ibidem.

(26) Cfr. "*Enciclopedia Barsa*", op. cit., T. 12

(27) Choza, Jacinto, op. cit, p. 68

(28) Aristóteles, "*Metafísica*", op. cit., lib. V, 2

(29) "Fuerzas: son fenómenos de atracción o de repulsión entre los cuerpos". (A.V., "*Física*", p. 10)

(30) Sayés, J. A., op. cit., p. 258

(31) Aristóteles, op. cit., lib.V, *cap. 2*

(32) Artigas, Mariano, "*Ciencia . . .*", op. cit., pp. 39-40

(33) Cfr. Aristóteles, op. cit., caps. 6 ss.

(34) Cfr. Ibid. libros IV-IX (cfr. también, op. cit., sobre la sustancia, esencia, género, especie, cambio, accidentes y temas relativos: libros IV-IX, principalmente.)

(35) Cfr. Ibid., libros VI-VIII; cfr. Artigas, Mariano, op. cit., pp. 125-151

(36) Choza, Jacinto, op. cit., p. 59

(37) A.V., op. cit., p. 21

(38) Sayés, J.A., op. cit., p. 105

(39) A.V., op. cit., p. 11

(40) Choza, Jacinto, op. cit., p. 117

# ANEXO II

# CONOCIMIENTO
# Y EXPERIENCIA

## 1. Conocimiento: posibilidad, duda y certeza

Si bien es cierto que el famoso científico y filósofo R. Descartes (s. XVII), intentando partir de un punto firme y seguro para conocer la verdad eliminando toda posibilidad de error, todo lo cuestionó, puso todo en duda, también aquello podría tomarse por más seguro y verdadero, como la propia existencia. Sin embargo, mientras dudaba de todo, no podía dudar de su propio pensamiento, esto es, que estaba dudando. He aquí la primera certeza. De este planteamiento, expuesto a grandes trazos, Descartes concluyó la existencia. Podría resumirse así este razonamiento: "pienso, luego existo" (1). Este será el fundamento de su edificio intelectual, por lo que en última instancia da cabida, si no al hecho, sí a la posibilidad de que primero es la acción y luego el ser; porque, pensar es una operación intelectual de alguien que previamente existe; pero en este caso es al revés: del hecho de pensar se pasa al hecho de existir...

Ateniéndonos la consabida conclusión cartesiana arriba mencionada, basamento del pensamiento filosófico moderno, "pienso, luego existo", parodiándola y con cierta ironía de nuestra parte, con argumentos similares, también podría decirse: "bebo, luego existo", "miento, luego existo", "veo, luego existo", "siento, luego existo"; "recuerdo, luego existo...", etc. Muchas son las consecuencias y derivaciones, algunas de ellas dañinas, que la duda metódica ha traído consigo para Filosofía moderna y contemporánea. Este planteamiento y solución al modo de conocer humano, ha costado serios descalabros y perjuicios a la propia concepción del hombre y de su manera de actuar, especialmente a la gnoseología e indirectamente a la ciencia.

Andando el tiempo, en siglos posteriores, científicos y filósofos han tomado posturas diversas en el modo de ver, entender y explicar la realidad, y concretamente: al mundo y al hombre. Así, por ejemplo, de un fuerte racionalismo se pasa al idealismo, que después se verán enfrentados con el empirismo y el materialismo en sus diversas manifestaciones, que persisten en nuestros días. Estas corrientes filosóficas y otras posturas e ideologías que tienen sus orígenes en las antes mencionadas, no serán capaces de ver en su integridad a la persona humana, en nuestra opinión, acertando sólo en algunos aspectos o parcialmente, por decirlo de alguna manera, entre otros motivos porque reducen la realidad exclusivamente a lo que determinadas ciencias o filosofías, les es factible comprender, y en algunos casos hasta llegar al extremo de negar al hombre la capacidad de conocer plenamente y con seguridad la verdad. El idealismo y el materialismo, con sus variantes, siguen reñidos.

En atención a la verdad y aclarando un aspecto de la postura cartesiana, y sin concederle la razón al método empleado, hay que tomar en cuenta que: "La actitud escéptica puede ser sincera. Es más difícil que lo sea cuando se trata de un escepticismo fundamental, o universal. El propio Descartes reconoce que la extensión de la duda (*skepsis*) a toda certeza previa fue, en su caso, un recurso metodológico, una pura hipótesis de trabajo que jamás llegó a creerse en serio. Extender la duda a toda certeza, es un recurso metodológico o hipótesis de trabajo que jamás se tomó en serio Descartes. "Dudo, pero no del todo ni de todo", viene a decir. El supuesto de una duda universal es falsario e intrínsecamente inconsciente, pues su eficacia depende esencialmente, como de su misma condición de posibilidad, de al menos dos certezas indudables (*apaideusiai, ineruditiones*), a saber: 1) la que suministra el principio de contradicción, para distinguir la duda misma de la que se parte, de la certeza absoluta a la que se aspira (....) 2) la evidencia intelectual de un sujeto activo de esa duda, que sea quien efectivamente la ejerce, pues ella no puede sujetarse a sí misma. Tal evidencia es la ejercida por el cogito cartesiano..." (2).

Sin ánimo de hacer una crítica formal ni cabal a la filosofía cartesiana (no es el lugar ni el momento), y tampoco a las que cronológicamente le siguieron, queremos prestar tención a una sentencia muy conocida, que alguien acuñó probablemente con anterioridad a la ya mencionada frase de Descartes que revolucionó la filosofía. La sentencia a que nos referimos dice así: *"la función crea el órgano".* Tiene una buena dosis de ignorancia y de falta de sentido común, pues para que algo realice cualquier tipo de operación o acción en sí mismo o en otro, es preciso existir primero. Como es evidente: primero "algo" (cualquier sustancia) es, y luego actúa; es decir, la acción sigue al ser (3). ¿O es que a fuerza de intentar ver u oír, pueden surgir o ser generados órganos como el ojo o el oído?... Para pescar, hay que lanzar el sedal con el anzuelo y carnada en donde hay peces, no es suficiente arrojar solo el sedal, solo el anzuelo o solo la carnada donde uno imagina que puede haber peces.

Una cosa es usar como método para conocer con certeza poner en duda cualquier supuesta verdad, intentando alcanzara una verdad indubitable sobre la cual construir un sistema filosófico o científico; y algo muy diferente es, dudar por sistema de toda verdad. Una actitud que se propone sistemáticamente negar o dudar de todo, cuestionar cualquier enunciado sin importar la índole de éste, sin atender a su posible falsedad o veracidad..., no se conseguirá jamás conocer la verdad ni saber algo con certeza, porque cualquier resultado, el que sea, hay que ponerlo nuevamente en duda. Una actitud dubitativa sostenida indefinidamente, no resuelve nada, no consigue en algún punto la verdad, porque siendo honestos y yendo a los extremos, habría que dudar incluso hasta de que se está dudando. Es lo mismo que añadir dudas a dudas.

En esta línea, no habría ninguna clase de conocimiento, además, la ciencia sería imposible. Generalmente se parte de evidencias o de verdades demostradas para avanzar en el conocimiento de las cosas. Después, la conclusión podrá ser verdadera o no, lo cual habrá que demostrar. Alguien podría decir: ¡qué más da si es una o cosa u otra, dudaremos invariablemente! Esto es equivalente a negar por anticipado cualquier intento de conocimiento, así como capacidad de la inteligencia para conocer y, a la vez, otorgar el mismo valor a la falsedad que a la verdad. Entonces, preguntamos: ¿de qué sirve la certeza de estar dudando?... Y andemos con cuidado porque, un "conocimiento falso" realmente no es conocimiento, es desconocimiento (ignorancia) o quizá una aproximación, pero: ¿aproximación a qué?

Un método "es un camino" para saber (o para hacer algo); ha de ser un medio confiable y eficaz para alcanzar un objetivo, y en este caso para conseguir la verdad. Es, si se quiere, un modo de interrogar al ser, de comparar y confrontar, de argumentar, y posteriormente llegar a la verdad con los medios apropiados. De otra manera, la inteligencia humana queda encerrada en sí misma y está como atrapada en sus propios pensamientos, sin lograr ninguna relación con el exterior, con el mundo. Es verdad que se conoce, y sabe que conoce mediante un acto reflexivo. Pero ha de ponerse previamente en contacto con el mundo, con la realidad circundante, saliendo de sí misma, para posteriormente lograr el autoconocimiento, y el proceso cognitivo. La inteligencia no lo

El proceso del conocimiento no lo inventa ni lo supone la inteligencia, sino que lo conoce y sabe de él después de haber conocido el mundo exterior, volviendo sobre sus pasos. Pero al conocer las cosas, no se conoce a sí misma y tampoco se identifica con sus ideas o conocimientos. Sólo más tarde, cuando se da cuenta que conoce, cuando reflexiona sobre sus pensamientos y sus actos cognoscitivos. Es aquí donde tiene inicio el acto reflexivo. Por el contrario, los sentidos sienten (ven, oyen, huelen, palpan, etc., pero el ojo no se ve sí mismo como tampoco el oído se escucha a sí mismo), conocen sensiblemente lo otro, algo, pero no son objeto de su propio conocimiento, o sea, los sentidos no se sienten a sí mismos.

La inteligencia humana conoce la realidad y también se conoce a sí misma. Todas las personas en condiciones normales conocen y de ello son conscientes, en cambio, no todas saben cuál es el modo o el proceso humano que hace posible ese conocimiento racional. La Filosofía y la Psicología conocen ese proceso, aunque de modo diferente y por métodos distintos. La dificultad más seria se encuentra, en buena medida, en saber cuáles son los criterios de verdad, es decir, cómo saber si se está en la verdad o no. Todos deseamos y requerimos de un método, de uno recurso que haga factible alcanzar la verdad con la certeza de poseerla.

Por el momento podemos partir de dos verdades incuestionables en este asunto: una, que lo evidente es indemostrable, es algo innegable; y la otra, que no son lo mismo la verdad y la falsedad, son excluyentes. Vendrán luego otras verdades o principios para conseguir un auténtico conocimiento.

Para no entretenernos más por ahora, adelantemos solamente que, para fortuna nuestra contamos con algunos faros de luz, es decir, con algunos criterios que nos sacan de toda posible duda, como son, por ejemplo: la evidencia, la demostración y la experiencia, entre otros. De no ser así, dispondríamos: de una parte, únicamente de datos sensibles, sin conexión entre sí; y de otra, la realidad (las cosas). Así, nada o muy poco avanzaríamos, siendo entonces casi nula la diferencia entre los hombres y los brutos. ¿No decimos muchas veces, voz en cuello que, ciertamente somos animales, pero racionales? Ese "pero", esa diferencia es indiscutible, y por mínima que ésta sea, nos separa ampliamente y establece una brecha infranqueable entre los demás seres irracionales y nosotros. A nadie da lo mismo la falsedad que la verdad, que lo engañen o le digan la verdad; como tampoco son lo mismo la luz y la oscuridad, la salud y enfermedad, etc.

"La evidencia es la presencia de una realidad como inequívoca y claramente dada" (4). Hay algunas verdades evidentes, tales como los principios fundamentales del ser, algunos de los cuales antes nos hemos referido, y ahora mencionamos otros, por ejemplo: el ser es y el no-ser no es; todo ente es idéntico a sí mismo; el todo es mayor que cualquiera de sus partes; a toda causa corresponde un efecto; algo no puede ser y no ser simultáneamente bajo el mismo aspecto. ¿Quién diría que es lo mismo existir y no existir, o que nada y nadie es idéntico consigo mismo, sino que es otro distinto de sí...? A nivel empírico tenemos, por ejemplo, algunas experiencias que son elementales, como éstas: un trozo de pastel o de pizza es más grande que el pastel entero o que la pizza completa; no hay cosas que se dan o surgen espontáneamente sin ninguna causa que los produzca; no es lo mismo lo dulce que lo salado, etc. Por eso podemos decir con verdad y seguridad: yo existo, el sol da luz y calor, el hielo es frío, el fuego quema, el aire es transparente, y un largo etcétera. Algunas de ellas son realidades que todos experimentamos que no requieren demostración.

Otro criterio del que disponemos para conocer o saber si se está en la verdad, es la demostración (base de muchos conocimientos científicos). Es demostrable y es verdad, por ejemplo, que: la suma de los ángulos de un triángulo suman 180°; que el agua hierve a 100° al nivel del mar; y que los cuerpos (materia) son impenetrables (ocupan un lugar), solamente se desplazan; los gases son de distinta naturaleza que los sólidos. Y así muchas otras por el estilo.

Si la inteligencia humana fuese incapaz de conocer la verdad o la realidad, también sería imposible explicar el mundo y hacer uso de él. Sin embargo vemos que se existen múltiples explicaciones sobre el mundo, unas falsas y otras verdaderas, o algunas son verdaderas parcialmente. De otra parte vemos la inmensa cantidad de artefactos inventados por el hombre. Ambas cosas nos demuestran que somos capaces de conocer, y que esos conocimientos, además de verdaderos son útiles. Aquí vemos ejemplos claros de la ciencia y la tecnología aplicada a las cosas para nuestro provecho y bienestar, y habrá que decirlo también, algunas veces para perjuicio.

No es extraño, pues, que algunos filósofos y científicos se interroguen sobre el modo de operar de la inteligencia y capacidad de conocer, como de que tal conocimiento sea veraz, etc. En última instancia, la inteligencia humana es la que a sí misma se interroga o cuestiona sobre los temas antes aludidos, como también acerca del proceso del conocimiento. Nadie más que el hombre puede y debe responderse, si no ¿quién lo hará? Toda pregunta tiene una respuesta, el asunto es dar con ella. Por lo demás, raro, o más es absurdo tener una capacidad o facultad que resulta inútil. ¿Para qué sirven los ojos si no es para ver…, para qué inteligencia si no es capaz de conocer?

En el supuesto caso de que hubiese una negativa y alguien afirmase la imposibilidad del conocimiento (verdadero), tal afirmación implica que algo se conoce (saber que no es posible el conocimiento, es conocer algo), y por tanto, encierra una contradicción. En fin, no se puede afirmar rotundamente y sin más: es imposible conocer (cosa evidentemente falsa).

Mediante los sentidos externos, es claro que conocemos, pues tenemos noticia de nuestro entorno: el ojo ve (colores, figuras, tamaños, movimiento y reposo, etc.); en tanto que el oído escucha (sonidos graves y agudos, ruidos, música…); como el olfato percibe diversos tipos de olores, etc. Pero además tenemos ideas, y aunque se refieran al mundo material, esos conceptos o ideas son inmateriales, abstractas y universales. Ni la inducción ni la deducción la realizan los sentidos, sino la razón. La inferencia es un acto propio de la inteligencia. Las sensaciones y percepciones son: singulares, materiales y concretas. Sentimos, por ejemplo, viendo el calor y la luz que despiden el fugo; pero las ideas de fuego, calor, luz, etc., no son sensibles, y no arde nuestro cerebro o la inteligencia al pensar y mencionar la palabra "fuego"… En otro orden, recordamos el sabor de una naranja o de una manzana aunque en ese momento no la estemos comiendo, e igualmente, podemos imaginar estas frutas sin que estén presentes a los demás sentidos… Tenemos también una memoria sensitiva y otra intelectiva, es por eso podemos recordar una o muchas sensaciones, hechos y sucesos como ideas, frases, fórmulas científicas, poemas, muchos datos...; y, por supuesto, razonar. Indudablemente conocemos a través de los sentidos y por medio de la inteligencia. Nuestro conocimiento de la realidad es un hecho indiscutible. Las ideas por ser de carácter universal, se aplican a todos los individuos que caen dentro de esa noción, así por ejemplo, la idea de "perro" no es un perro, sin embargo contiene a todos los individuos que corresponden a las connotaciones incluidas en este concepto (animal, vertebrado, mamífero, cuadrúpedo, de la raza o especie canina, etc.). Sucede lo mismo con los demás conceptos y razonamientos.

Volviendo un poco atrás, vimos la duda sistemática no es camino para conocer la verdad, entre otros motivos, porque responde más bien a un acto volitivo que del propio entendimiento; no la duda como tal, sino el hecho de someter todo a duda. La inteligencia confía en sí misma, mientras la voluntad pone en tela de juicio sus conocimientos. De otra parte, considerar algo como verdadero *mientras* no ocurra lo contrario o demuestre su falsedad, por tratarse de un actividad de la inteligencia que de suyo (por naturaleza) busca o tiende a la verdad, no es auténtico. Cuestionar previamente la validez o capacidad de cualquier actividad propia de cada facultad, supone un "prejuicio", mismo que provoca la desconfianza de la inteligencia misma, y con ello, también de la ciencia. Sería tanto como decir a la inteligencia: eso que afirmas o niegas, es válido parcial y temporalmente, o sea, hasta que se demuestre que te equivocas. Es algo semejante a dudar sistemáticamente, por ejemplo, de la honestidad y franqueza de una persona, pensando y afirmando, anticipadamente que miente o roba, que es culpable mientras no demuestre que dice la verdad y demuestre su inocencia. (No es solo cuestión de Derecho sino también de sentido común).

Ahora bien, si previamente se sostiene que el conocimiento humano es falsificable, o sea, que es tenido por verdadero "mientras" no sea falso, eso ya pone a la inteligencia con la soga al cuello cuando no en la picota, pues por principio se desconfía de ella. ¿No sería más correcto entonces extender esa desconfianza a los sentidos también, pues de hecho algunas veces nos engañan?, ¿no empieza nuestro conocimiento por los datos sensibles? Consecuencia, no habría ciencia alguna, pues todo quedaría en meras sensaciones y propuestas o suposiciones y conjeturas. Toda sensación aporta exclusivamente el dato del momento o instante en que algo percibe, y los sentidos no pueden realizar abstracción alguna, imprescindible para el conocimiento intelectual. ¿A dónde conduce una actitud con estos presupuestos? A la incertidumbre, al desconcierto y a la inactividad. Pero vemos que generalmente sucede todo lo contrario. Existe la ciencia y el progreso. La acción humana responde a un qué, cómo, por qué y para qué, es decir, da razón de las cosas y de sus acciones.

Es cierto que el conocimiento humano no es infalible, podemos y de hecho algunas veces nos equivocamos, a veces tomamos lo falso como verdadero y al revés, amén de que también existen la duda, como la probabilidad y la certeza. Pero, es obvio, esto no significa todo conocimiento sea siempre sea verdadero o siempre falso. Hay verdades que lo son y lo serán indefinidamente, mientras que otras "verdades" (conocimientos) quedan sujetas a verificación, que no es equivalente a negar la capacidad de conocer la verdad, o sostener que siempre se trata unas verdades condicionales y temporales. En este campo tiene origen o lugar las hipótesis, las teorías y las tesis, etc. De no ser así ¿tendríamos que esperar, por ejemplo, a que el sol salga por el oriente hasta el fin del mundo para corroborar esta verdad, por si alguna o varias veces saliera por "occidente" o quizá por el sur?; o también, ¿sería inapropiado afirmar que todas las aves son ovíparas, pues podría presentarse el caso de algunas que no lo fuesen?; y ¿tampoco podría decirse rotundamente que el agua está integrada siempre por dos moléculas de hidrógeno y una de oxígeno, porque cabría la posibilidad de que "alguna vez" de la combinación de esos elementos químicos pudiera resultar otra cosa diferente menos agua?...

Las cosas o la realidad, tampoco son falsas o verdaderas porque lo niegue o afirme tal o cual persona, esta o aquella ciencia, sino porque lo que se afirma o se niega de un objeto, efectivamente se adecúa o no a la realidad misma tal cual es. Por ejemplo, un día cualquiera la temperatura ambiente esté a -2°C, y alguien puede decir que tiene mucho frío y mientras otros afirme que no hace frío. En ambos caso se trata de una apreciación subjetiva (sensibilidad personal), pero real y es objetivamente el termómetro marca una temperatura ambiental de -2°C. Así también podemos pensar en el caso de los daltónicos, que no distinguen claramente entre los colores rojo y verde, lo que no significa que sólo uno deseos colores exista y el otro no, o que sean el mismo; simplemente ocurre el daltonismo es una enfermedad y debido una deficiencia en la facultad visiva, esas personas ven iguales esos dos colores; y quien tiene una vista normal sí los distingue.

De modo análogo podemos aplicar lo anterior a personas y a las ciencias. Es imposible "esperar" a que la totalidad de los fenómenos (numéricamente hablando), y en sus más variadas especies y condiciones, se realicen o tengan verificación, es decir, comprobar que efectivamente se efectúan siempre igual, de la misma manera, etc., y entonces poder afirmar categóricamente que son así. Sería tanto como afirmar que la Naturaleza debe agotar todas sus capacidades y posibilidades, un la múltiple variedad de fenómenos, etc., para poder entonces eliminar cualquier posibilidad de error y alcanzar la verdad sobre toda realidad. De esta forma toda aseveración científica sería plenamente cierta y veraz. Para conseguir esto, quizá habría que estar o plantarse al final del tiempo y el mundo, para compilar toda clase de conocimiento sobre las cosas y sucesos; pero en tal caso, serían necesarias unas condiciones poco menos que inalcanzables. Sólo así, teniendo un conocimiento exhaustivo y verdadero, sería posible que las diferentes afirmaciones de carácter científico (conocimiento), ya estuviesen verificados sin excepción, mereciendo de nuestra parte toda credibilidad, lo que no deja de ser un seño... ¿Quién o quiénes serían capaces de comprobar, falsear o verificar *"ad infinitum"*, todo cuanto curre nuestro universo?

Lo blanco no es negro y lo cuadrado no es redondo, y tampoco el ángulo agudo es igual que el obtuso. Si todo conocimiento quedara a la espera de la "falsabilidad", la ciencia queda "empantanada", se encontraría sobre arenas movedizas: no habría avance alguno ni seguridad. De otra parte, la utilidad y beneficios que aportan algunas ciencias experimentales y técnicas, no hacen por ello que algo sea verdadero o falso, nos facilitan el conocimiento de la realidad y a la vez que permiten su manejo y posibilitan la fabricación de nuevos artefactos e instrumentos útiles.

Nos parece que sería igualmente válido decir a quienes sostienen que todo tipo de saber y conocimiento científico, ha someterse la prueba de la "falsabilidad" (o "verificabilidad"), como arriba explicamos, que deben también depositar su teoría en el otro plato de balanza, pues podrían estar equivocados, y en caso de estar en lo cierto, tendrían que "esperar" también hasta el final, para quedar así demostrada la veracidad de su postura, habiendo sido ya verificadas y falseadas todas las posibilidades que el mundo nos ofrece. En el orden natural y físico, ha de considerarse esta aseveración: "Si después de la observación minuciosa y experimentación repetida, se concluye que en unas determinadas circunstancias se produce siempre el mismo fenómeno, la relación de causa a efecto se establece como ley física" (5).

Entre tanto, dos actitudes son el resultado de la postura que favorece la sospecha o duda del poder cognitivo de la inteligencia, por caer presumiblemente en la "desconfianza" intelectual. La primera podría resumirse así: es probable que conozcas la verdad, y también es probable que te equivoques. La segunda diría: nada es plenamente seguro, es decir, ¿cómo sabremos que estás en la verdad? Por nuestra parte proponemos otra actitud intelectual más prudente y experimentada: si alguien está equivocado, habrá que demostrar su error (no suponerlo); y si alguien acierta con la verdad, igualmente tendrá que demostrarlo (no suponerla). De todos modos, se ha de disponer de las herramientas suficientes y totalmente confiables para "demostrar" que algo es falso o verdadero, lo que hace pensar entonces, que ya se conocen o poseen algunas verdades, las cuales han de ser irrefutables e infalibles y atemporales, pues de otro modo habría que estar demostrando *"ad infinitum"* una verdad tras otra, lo que significaría ir hacia atrás continuamente, o sea, retroceder en vez de avanzar. Sin embargo, alguien podría preguntar dónde están o cuáles son esas verdades básicas o fundamentos de la ciencia para marchar hacia delante. Vuelta otra vez a la duda: ¿dónde están y cuáles son?, ¿cómo se consiguieron?, ¿qué seguridad hay de su veracidad...? Volvemos a lo mismo, "la serpiente que se muerde la cola", es la duda que desasosiega invariablemente a la inteligencia. Resumiendo: o conocemos la verdad aunque es posible equivocarse, o es imposible conocerla. No es imposible, puesto que de hecho poseemos conocimientos verdaderos y ciertos. "La ciencia natural ocupa, en nuestra cultura, un lugar privilegiado. Sin duda, el conocimiento ordinario sigue siendo una fuente importante de información, de la que no podemos prescindir. La ciencia no tendría sentido, y ni siquiera podría existir si no existiera el conocimiento ordinario. Pero, debido al enorme progreso de las ciencias en los últimos siglos, los conocimientos que poseemos acerca de la naturaleza provienen hoy día, en su mayor parte, de los logros científicos" (6).

De aceptar, sin ninguna restricción, que nuestros conocimientos no pueden ser absolutamente verdaderos y ciertos, sino sólo "conjeturas", al modo de entender de K. Popper (7), nos encontraríamos en un estado de incertidumbre habitual. Nos preguntamos ¿por qué concederle a una de las dos posibilidades el valor de la verdad? Sencillamente, porque: si ambas tuviesen iguales motivos para concederles a la vez el mismo valor, siendo excluyentes, sólo una es verdadera, y no es lo mismo la falsedad que la verdad. Haciendo al menos esta distinción, ya somos conscientes de no pueden aceptarse ambas bajo el mismo rubro.

Algo muy diferente es al caso de la probabilidad, que se funda en el grado mayor o menor de veracidad que posee una tesis (apoyada en otras ciencias), puesto que una determinada afirmación, no es totalmente falsa comparativamente con otras, etc. "El conocimiento humano, según Popper, sigue un esquema básico simple: se proponen hipótesis, se contrastan con la experiencia, se detectan los errores, se modifican las hipótesis teniendo en cuenta los errores anteriores, se vuelven a contrastar y así sucesivamente. De este modo, todo conocimiento será siempre conjetural: podemos acercarnos más y más a la verdad a fuerza de ir eliminando errores parciales, sin llegar nunca a la certeza" (8).

En cualquier tipo de conocimiento lo más sensato es corregir los errores, pues de no ser así, qué caso tendría seguir investigando, o por qué dar por verdadero un dato que se reconoce como falso. Y si se advierte que algo es falso, eso significa que se ha alcanzado un dato verdadero que permite eliminar el otro. Pero según hemos visto, cada ciencia tiene sus objetivos propios y métodos propios, lo cual no es un obstáculo que coincidan algunas de ellas en el uso de determinados métodos, por ejemplo: la Astronomía, como la Geografía y la Geometría o la Estadística, se sirven de las Matemáticas, misma que presta servicios a otras ciencias como la Química y la Física. La ciencia es hecha por el hombre, no es más que un conjunto de conocimientos distribuidos y organizados sistemáticamente sobre determinados campos de la realidad. "Artigas subraya que las leyes científicas no son, sin más, una traducción directa de las leyes naturales, pero expresan aspectos del orden natural que la ciencia descubre en la naturaleza, y muestran que este orden tiene un carácter enormemente específico. Este conocimiento del orden natural a través de las leyes científicas se amplía y profundiza cundo las leyes científicas se integran en los sistemas teóricos" (9).

La verdad se funda en las cosas mismas que se conocen, no es cuestión de voluntad, de interés, de gustos o afición, de estadísticas y nada más. La verdad la adecuación de la mente con la cosa conocida; la correspondencia real entre el objeto que se conoce con lo que de él se dice. El objeto propio de la voluntad no es la verdad sino el bien, aunque en cierto aspecto la verdad es un bien (la mentira o la falsedad es una deficiencia, y puede representar también, además de un perjuicio intelectual y moral). Por lo demás, si un conocimiento o determinada verdad ("nueva") desplaza otra anterior, siguiendo la línea de "las conjeturas": ¿por habría de tenerse ésta última por verdad y no como otra "conjetura" más, y así sucesivamente? Si fuesen las cosas así, cabe otra pregunta que nos parece legítima: ¿cuándo, o cómo, o quien llegará finalmente a la verdad auténtica? Dejar todo en "conjeturas" más parece un "harakiri mental" que una apertura a la realidad y confiabilidad de la inteligencia.

Curiosamente, mientras que algunos parten de la duda y alcanzan una verdad irrebatible, punto de arranque de todo nuevo conocimiento, y con ello la afirmación y comprobación de la capacidad real y efectiva de la inteligencia humana, para conocer la verdad (de la duda a la certeza); otros, en cambio, arrancando de la verdad y la certeza, no es posible que lleguen a otras verdades, atemporales, sino sólo a conjeturas (de la certeza a la duda). Con semejante postura, se termina en la duda, desconfiando de la propia inteligencia en su tarea propia de conocer la verdad.

Según consideramos antes, la raíz del problema está en o disponer de uno o varios criterios de veracidad en las diferentes ciencias o campos del saber humano, o sea, contar con un recurso, un medio o instrumento con el que pueda compararse la afirmación o negación de algo, teniendo así la seguridad de la verdad en cualquier situación. Entonces lo más adecuado será, hacer el camino inverso del recorrido hecho para conocer las cosas, y contrastar o comparar la idea con la cosa, y según haya o no conformidad entre ambas, admitir la verdad o falsedad en caso contrario. En suma: la mente, la idea y la cosa deben coincidir. Mas por lo que a las ciencias experimentales se refiere, generalmente trabajan con instrumentos y métodos propios según su objeto de estudio. La filosofía tiene un campo de estudio y un enfoque de la realidad, en un nivel diferente al de las ciencias experimentales; aunque coincidentes en algunos métodos, como: la inducción, la deducción, la evidencia, la demostración, el análisis y la síntesis, sin olvidar los principios fundamentales del ser.

Quien sostiene que no es posible conseguir la certeza en la verdad, muestra certeza (seguridad) en lo que dice, y piensa que es verdad. Por lo mismo, si esa afirmación fuese verdadera, significa que es posible conocer la verdad ciertamente. En cualquier caso, somos capaces de conocer la verdad y es verdad que conocemos. Cierto que muchas cosas cambian, mas no todo y del mismo modo. Nada extraño hay, pues, en el hecho de que los hombres nos hagamos mil y mil cuestionamientos sobre cualquier cosa, y demos respuestas o soluciones, unas veces opuestas, otras semejantes o con ligeras variantes. Podemos tomarlo como muestra más de que el hombre es un ser pensante. "Resulta paradójico que el progreso científico vaya acompañado en la actualidad, por de actitudes filosóficas de tipo escéptico y relativista. Se ha insistido mucho en la existencia de factores convencionales en la ciencia experimental, y en la imposibilidad de conseguir demostraciones completamente concluyentes; en consecuencia es que el conocimiento científico es siempre conjetural, revisable y falible. En ocasiones se afirma, incluso, que las construcciones científicas tienen un valor meramente convencional o instrumental: serían modelos cuyo éxito no garantiza que correspondan a la realidad" (10).

En la misma variedad y disparidad de posturas y soluciones a los mismos problemas e interrogantes, vemos una manifestación inconfundible de que los hombres pensamos, por ello no es anormal que existan coincidencias y discrepancias. Definitivamente, es patente que donde no hay pensamiento, tampoco existen preguntas…, ni respuestas. Podemos decir, pues, que solamente los seres pensantes (los hombres), estamos en posibilidad y condiciones de conocer (intelectualmente). Esta capacidad de conocer no es infalible y además es el resultado de un proceso complejo, por lo que es fácil que algunas personas se encuentren den con la verdad de primer intento o de varios, pues no es difícil equivocarse: unas veces por falsas apreciaciones sensibles y otras por defectos en el razonamiento. Es imposible que todos los hombres estemos de acuerdo en todo, precisamente por la posibilidad real de equivocarse, sin embargo no es lo mismo que decir que es imposible conocer la verdad. Mil errores o mentiras no hacen una verdad, y tampoco es igual la verdad a una "aproximación" a la verdad. Hay que reconocer también que algunos problemas admiten diferentes soluciones. Una conclusión más que podemos obtener de lo anterior, es que la verdad es una, los errores (falsedades) pueden ser múltiples.

Hay algo en lo todos estamos de acuerdo: la falsedad y la verdad se excluyen. Y la razón es, simple y llanamente, porque: "algo no puede ser y no ser simultáneamente bajo el mismo aspecto". Este puede ser un buen punto de partida. Aquel individuo que incapaz de conocer, también es incapaz de errar, de opinar y menos aún de alcanzar la verdad. No sobra decir que ninguna ciencia particular (experimental) abarca la totalidad de lo real, y es lógico que vaya aumentado el acervo de sus conocimientos (progreso). Este hecho permite que una misma realidad u objeto (cosa), pueda ser estudiada y explicada desde diferentes perspectivas, como es el caso de la Física de Euclides y la Física de Einstein (Teoría de la relatividad), ambas válidas en su terreno propio y conforme a ciertas premisas. "Desde luego, las construcciones científicas son obras nuestras, pero esto no impide conseguir demostraciones intersubjetivas que, cuando se relacionan con la experimentación y queda fijada su correspondencia con la realidad, permiten alcanzar conocimientos verdaderos. Esta correspondencia con la realidad no significa que el orden que se da en las ciencias sea como una mera traducción del orden natural, sino que este orden es captado mediante enunciados que poseen una verdad contextual y, por tanto, parcial, y perfectible, pero al mismo tiempo auténtica" (11).

## 2. Experiencia: laboratorios y talleres

Por ahora solo deseamos o intentamos darnos cuenta cabalmente de que tanto los científicos como los filósofos aciertan… y se equivocan. Sus cabezas y sus experiencias son como las nuestras, y las nuestras como las suyas. No ser requiere ser un genio para percatamos de algunos de los muchos aciertos y errores ha habido en la historia de la ciencia o del saber humano, sirviéndonos de la historia y de la ciencia misma. La humanidad ha sabido sacar partido de muchos errores, pues ayudan a corregir el rumbo y a dar finalmente con la verdad. De manera semejante, cuando decimos, por ejemplo, que esto es verdad o aquello es falso, no hacemos más que comprobar que nuestra inteligencia es capaz de distinguir lo falso de lo verdadero, nos hace distinguir lo real de lo aparente, lo que es de lo que no es, etc.

Haciendo un poco de memoria, es fácil recordar las incontables veces que han ocurrido, en tantos lugares del mundo por años y años, siglos, una gran cantidad de fenómenos y sucesos, algunos unos iguales y otros diferentes. Tomaremos como ejemplos: la lluvia, la marea, los sismos, las nevadas, descargas eléctricas, huracanes, la erosión y la oxidación, incendios, una prolongada sequía etc. Otro tanto se puede decir en el nivel de los seres vivos, como: el modo que se realiza la reproducción y crecimiento de la flora y de la fauna, como de la muerte de animales y plantas, y mil fenómenos más. También el nacimiento y desarrollo de personas y pueblos, acontecimientos de carácter cívicos, culturales, artísticos y religiosos, históricos, económicos, de menor o mayor trascendencia.

Muchos estudiantes hemos tenido la oportunidad de estudiar y trabajar en laboratorios de Química o Biología durante el bachillerato, y algunos otros de continuar tareas similares en la universidad. Probablemente la primera vez que ingresamos a dichos laboratorios, viendo la variedad de aparatos disponibles para hacer las prácticas y análisis, pruebas, etc., que eran requisitos para aprobar esas asignaturas. Encontramos: mesas, los grifos, duchas, mecheros, tubos de ensayo, retortas…; también había, microscopios y "muestras" ya preparadas, o bien con los elementos requeridos para elaborarlas, y desde luego no faltaban goteros, pinzas, bisturíes etc., incluyendo armarios que contenían el material de trabajo, libros especializados en temas determinados y mil cosas más. Apreciábamos a nuestros profesores de Química, Física y Biología, como verdaderas autoridades en la materia.

Quizá experimentaron algo parecido otras personas cuando ingresaron por vez primera en algún taller de carpintería, donde, por ejemplo: vieron maniobrar al carpintero con sus ayudantes, y pudieron entonces conocer más concretamente la variedad y el uso de algunas herramientas, como: sierras y serruchos (de distintos tamaños, figuras, material del que estaban hechos), diferentes clases de martillos, escuadras de madera y de metal con medidas y escalas diferentes, punzones, el cepillo o la garlopa, los destornilladores, clavos y tornillos, también pegamentos con determinadas cualidades, y otros instrumentos más... Juntos, los carpinteros y sus ayudantes o aprendices: "fabricaban" una silla, un comedor, o recomponían un ropero al igual se aplicaban a reforzar un mueble viejo que a reponer alguna pieza o hacer una banca y hasta juguetes..., para dejar aquí esta sucinta relación. Si ahora nos referimos a un taller o laboratorio mecánico o eléctrico, probablemente sucedería algo similar, considerando que se trata de trabajos u oficios diferentes que requieren unos conocimientos y habilidades específicas, y por lo mismo, el instrumental adecuado para realizar esas labores. También si se trata de en un hospital como de una fábrica de automóviles o de una granja avícola, se repite esta experiencia de manera similar.

Esto nos da motivo para señalar varias cosas que son obvias o así lo parecen. Primeramente, que ni las máquinas ni los instrumentos de trabajo se hicieron solos: alguien los "fabricó". Después, resulta que cada uno de esos artefactos "sirve" para algo concreto, fue "diseñado" con una "finalidad" concreta, no fueron hechos sin más, para ver si luego servirían para "algo". En tercer lugar, generalmente tales instrumentos son insustituibles en cierta medida, cada cual tiene una función específica o varios usos, pero no útiles para "todo". Además, decenas o centenares de personas han intervenido para inventarlas, producirlas, probarlas y usarlas. Resumimos diciendo que esas cosas a las que nos acabamos de referir (toda clase de artefactos): no surgieron sin más, no aparecieron de la nada, no son el resultado de una o muchas combinaciones al azar de elementos materiales entre sí... Detrás de ello está la intervención coordinada de muchas inteligencias y muchos brazos trabajando. Para terminar, una última consideración: no es lo mismo ser carpintero que químico, ni mecánico que biólogo o electricista; y tampoco prestan el mismo servicio unas pinzas que un serrucho, ni el microscopio puede suplir al soplete para soldar, ni un martillo puede sustituir un destornillador, como tampoco su usa indistintamente unos cables de cobre para conducir electricidad que unas cuerdas de fibra sintética, ni el agua provoca las mismas reacciones que el ácido nítrico o el cloruro de sodio.

De lo arriba dicho, sacamos en claro también, lo siguiente: ya se trate de un carpintero que de un biólogo, de un músico o un matemático, de un médico, un granjero, un abogado o un artista, etc., es indudable que estamos hablando de hombres, de personas que piensan y que trabajan. Y al referirnos a unos instrumentos de trabajo, sean los que fueren y se llámense como se llamen, sirven o son útiles para aquello que fueron diseñados y fabricados (aunque a veces se les dé otro uso). En fin, todo se reduce a personas y cosas, a trabajo intelectual y manual, que incluyen la participación de la razón, la creatividad, la imaginación y la experiencia. Es lo mismo que hablar de un conjunto de agentes, de causas y de fines u objetivos (12). No aparece por ningún lado la "casualidad" y el "azar". El universo con todo lo que contiene, siendo más completo y de proporciones aún desconocidas en algunos aspectos, ¿podría ser obra del azar?

Con todo cuanto ha sido dicho y comentado hasta aquí, no hacemos más que constatar algo que sucede desde tiempos remotos, quizá miles de años, y muy probablemente con mayor perfección y mejores resultados ahora que antes. Nos hemos referido apenas algunas poquísimas profesiones, oficios y quehaceres humanos, unos más modernos que otros, y podemos también distinguir entre artesanos, profesionales y "amateurs", operarios, especialistas, estudiantes, científicos, etc., según los gremios y grados de conocimiento o perfección el modo de realizar un trabajo. Importa mucho tener presente que las ciencias son limitadas, y que tales "limitaciones que tiene la ciencia, y que podrían ser explicadas por la imperfección de nuestros instrumentos, se agravan todavía más cuando se hace ciencia desde presupuestos filosóficos inadecuados" (13). Algunas veces ideologías o corrientes de pensamiento y filosofías, han influido en más que en los resultados de algunas ciencias, en su enfoque e interpretaciones de ellos, como ejemplo, se pueden traer a colación a: Pitágoras, Bacon, Descartes, Hume, Kant, Marx y Engels o Russell, entre otros.

## 3.  Posibles reduccionismos

Probablemente causaría desconcierto quien dijese, por ejemplo: todo cuanto hay a nuestro alrededor y cuanto el hombre ha realizado durante miles de años, fue realizado solamente con sus manos; o, si por el contario afirmase que únicamente la inteligencia ha intervenido, sin la ayuda de la memoria, la imaginación y la experiencia... Paralelamente, un desasosiego similar provocaría quien sostuviese que algunas cosas se hicieron ellas a sí mismas, o que todo cuanto existe es de factura humana. Reacciones incluso irrisorias podían ocasionarse, si alguien se atreviese decir que el universo es sólo poesía; o si alguien tomara la postura extravagante de sostener que todo en este mundo son puras matemáticas y sólo los números explican la realidad; y otro tanto ocurriría con quien alegara que con la mecánica todo se puede explicar, etc.

Estas y otras afirmaciones por el estilo, probablemente nos llevarían a pensar que tales personas están equivocadas, probablemente son poco cuerdas si no ignorantes. Conocemos mucho, y lo sabemos con plena seguridad, mas siendo de tal magnitud la realidad, no es posible abarcarla de un vistazo, tampoco conocerla de manera intuitiva totalmente, ni comprenderla o agotarla con todos los conocimientos que la ciencia hoy nos aporta.

No es inagotable la realidad (el mundo material es finito), pero no existe inteligencia humana capaz de abarcarla por completo, ni alcanza la vida de un hombre para conseguirlo. La ciencia avanza constantemente en amplitud y profundidad. No obstante, una de las características de la ciencia, y por tanto de la inteligencia, es el poder de aprender, de saber más y más. "Por otra parte, la ciencia no proporciona una explicación completa del orden natural. Las explicaciones científicas responden a un planteamiento en el que se adoptan criterios operacionales porque se exige que las construcciones teóricas puedan someterse a control experimental intersubjetivo. Estas explicaciones pueden completarse mediante otras perspectivas, tales como la perspectiva ontológica, que se refiere al modo de ser de lo natural, y a la perspectiva metafísica, que se relaciona con el fundamento radical de la naturaleza" (14).

El universo del ser, no se reduce o está limitado únicamente a lo que podemos percibir por los sentidos o quizá imaginar. Es verdad que sentimos y también lo es que pensamos, pero ambos modos de conocer no son contrarios ni se excluyen, son complementarios en el ser humano. ¿Concederíamos la razón a quien sostuviese que la realidad entera se resume en aquello que es perceptible por gusto y el olfato…, por los sentidos? Somos conscientes de que mentalidades como esas, empequeñecen la realidad que es amplísima, sumamente rica, variada y maravillosa, reduciéndola sólo aquello que vemos, oímos, gustamos, etc.; o en caso contrario, contando nada más con la inteligencia, restringiendo el mundo a lo que puede ser pensado. Ambas posturas con falsas e incorrectas.

En los dos casos la realidad quedaría reducida a una parte de ella: la que es percibida por los sentidos o la que es conocida intelectivamente. De ser así, todo quedaría o en sensaciones o en ideas. ¿Y la realidad?... recluida en los dos cotos: o la materia o el espíritu. A lo anterior hay que añadir que también tenemos: emociones y afectos, deseos, amor, valores, afán de justicia, apreciamos la belleza, etc., por eso somos mucho más que sensaciones y conceptos. De ser así la realidad, burdamente dichas las cosas, el mundo sería poco más que un conjunto mejor o peor organizado de: colores, figuras y dimensiones, sabores y sonidos, emociones y sentimientos, o números, palabras e ideas. ¡Una miseria!

Entonces, vendría como anillo al dedo, aquel no estaría refrán popular, que dice: "nada es verdad, nada es mentira, todo es del color del cristal con que se mira". Hay algo de verdad hay en estas palabras, porque el mundo adquiere el color de la lente que se ve. Pero hay que pensar que hay cristales de muchos colores, y también, que entre el negro y el blanco existen varias tonalidades de de gris. Y, para colmo, el mundo tampoco se reduce sólo a lo que se puede mirar. El asunto estaría en si nos atrevemos a cambiar de lente (color) o mirar a otro lado a la par que dar oportunidad de conocer (mirar) a otras facultades que también nos conectan con la realidad.

Veamos lo absurdo de quedarse en la pura opinión, o admitir que todas son igualmente válidas. Podemos comprobar lo en una sección cortísima de un diálogo mantenido entre Sócrates (S) y Teodoro (T), según narra el propio Platón: "(S) Protágoras, reconociendo que lo que parece a cada uno es verdadero, concede que la opinión de los que contradicen la suya, a causa de la que creen ellos que él se engaña, es verdadera. (T) Efectivamente. (S) Luego conviene en que su opinión es falsa, puesto que reconoce y tiene por verdadera. (T) Necesariamente. (S) Los otros, a su vez, no convienen ni confiesan que se engañan. (T) No, ciertamente. (S) Está, pues, obligado a tener esta misma opinión por verdadera, conforme a su sistema. (T) Así, parece. (S) Por consiguiente, es una cosa puesta en duda por todos, comenzando por Protágoras mismo; o más bien Protágoras, al admitir que el que es de un dictamen contrario al suyo está en lo verdadero, confiesa que ni un perro, ni el primero que llega, son la medida de las cosas que se han estudiado.¡ No es así? (T) Sí. (S) Así, puesto que es combatida por todo el mundo la verdad de Protágoras, no es verdadera para nadie ni para él mismo" (15).

Con esto, no pretendemos decir que el mundo es una especie de "caleidoscopio", pero es que tampoco pude reducirse o resumirse a una perspectiva o punto de vista único. ¿Podrá el matemático negar la existencia de un virus porque es indemostrable matemáticamente?, ¿podría un científico dedicado la Física negar el Derecho porque no hay manera de captar los derechos, pues son inasequibles a sus métodos e instrumentos de investigación?, o ¿sería válido aceptar la definición que de la persona humana nos ofrece la química de acuerdo con los elementos que la constituyen? Y así podríamos seguir cuestionando muchas cosas, pero lo quejamos aquí.

Sin realizar mentalmente un esfuerzo excepcional, sabemos que los colores y figuras, dimensiones, sensaciones, emociones etc., son tan reales como nosotros mismos y las cosas en las que observamos. Las ideas, aunque están en nuestra inteligencia o ella las produce, de alguna manera responden a lo que está fuera de nosotros. Sensaciones e ideas corresponden a una realidad externa a la persona. En resumen: somos parte de la realidad, formamos parte del mundo, como el mundo forma también parte de nosotros, aunque de modo distinto y sin confundir ni identificar lo interior con lo exterior, es decir, nuestro yo con lo que no somos nosotros mismos; lo otro (no-yo) y yo, somos diferentes. No existe un solo ser (por inmenso y variado que éste sea), o sea, un universo único, inmutable, incomprensible, ni mil mundos cambiantes en un universo cuya esencia es la mutación y el desconcierto, el caos en una palabra. "Nuestras experiencias nos llevan a admitir al menos la posibilidad de una unidad y sentido de cuanto existe, pues "la existencia de seres que realicen y mantengan su propia identidad implicando en ello al entero cosmos significa una cierta unidad, al menos en algún sentido, de todo el universo. Y pudiera ser que esa unidad se manifestara de un modo más pleno para el cosmos si algún viviente fuera capaz de captarla: en el universo hay legalidad, hay razón, aunque el universo no lo sabe, pero si un viviente lo supiera, el conjunto de formas del universo alcanzaría en él la reflexión que por sí mismo en ningún caso podría lograr la unidad consigo mismo que, al parecer, es la suprema forma de ser. Pues bien, ese viviente es el hombre, y ese saber, la ciencia" (16).

Por experiencia sabemos que no es correcto usar un solo cristal, un solo color, y una sola perspectiva para mirar el mundo que nos rodea. Es frecuente que ante las afirmaciones u opiniones de personas estudiosas y especialista en un campo del saber o de alguna ciencia en particular al opinar o afirmar algo en un terreno distinto tuviese la misma autoridad o valor que tiene en el propio, y generalmente confunden y desbarran con cierta facilidad. "Como sucede con otros "ismos" de nuestro tiempo que constituyen sustitutos de la religión, el evolucionismo tiene sus adeptos en todos los órdenes de la vida. Algunos físicos, astrónomos y expertos creen en él. Pero también lo aceptan muchos periodistas, economistas, maestros e historiadores... y taxistas, empresario y poetas. El ateísmo de un bioquímico no tiene más valor que el de un ayudante de oficina; pero puede ejercer una mayor influencia en la opinión pública" (17).

Antes de terminar, para redondear algunas ideas, diremos que: el mejor laboratorio que existen es la inteligencia humana, o dicho de otro modo, los mejores laboratorios que existen son nuestras propias inteligencias, porque en ellas y a través de ellas captamos y "entendemos" la realidad (conocerla sin deformarla ni mutilarla); además, podemos beneficiarnos de la realidad haciendo un uso adecuado de ella. De nada servirían, por ejemplo, los mejores laboratorios instalados de Física, de Química, de Biología y otras ciencias, instalados por los mejores técnicos y científicos, si no hay quien interprete los datos adquiridos mediante ellos. Ocurriría algo semejante con inmejorables talleres de carpintería, mecánica o electricidad, etc., si quienes los usaran para desconocieran el cómo y el para qué de esos instrumentos y aparatos que tienen a su disposición, y además ignoraran las ciencias y las técnicas que los han hecho posibles.

No podemos menos de estar de acuerdo con las siguientes consideraciones: "Si el hombre, en cuanto individuo, se reduce a estructuras materiales y a superestructuras, que dependen esencialmente de aquéllas, acontece en su vertiente social lo mismo. Estas la integran relaciones mecánicas en su entorno, sin libertad personal ni entono trascendente. Así la humanidad se reduce a la categoría de la incansable laboriosidad de las abejas o de las hormigas. Pero la sociedad humana es mucho más que un hormiguero o colmena, perfectamente estructuradas a la hora de trabajar en relación con los demás. El hombre es un aglutinamiento de elementos químicos, es animal y, si se quiere, es como una síntesis de lo animal-vegetal-animal, pero una síntesis realizada en un plano esencial distinto y superior. Así lo demuestra su racionalidad, su libertad, su religiosidad, que es sobrenatural en el cristianismo" (18).

## ANEXO II (Conocimiento y experiencia)

(1) Cfr. Descartes, *"Discurso del Método"*, 4ª parte.

(2) Barrio, J. M. op. cit., pp. 58

(3) Ver. Cap. 3 de este trabajo (nn. 2-3). Es del todo falso que "la función crea el órgano". Además de lo dicho sobre esta cuestión, si a base de intentos y esfuerzos pudiese lograrse formar un órgano que realizara esas supuesta funciones que se pretenden, no parece esto algo tan absurdo (perdonando la insistencia): como si un bate (palo) y una pelota "jugasen" solos, y el bate atento para golpear la pelota que se lanza a sí misma . . . , y a fuerza de repetir el intento miles o millones de veces, se creasen, surgiesen las almohadillas (1ª, 2ª, 3ª bases y el "home"; y antes o después, los jugadores de los equipos contendientes; y para terminar, las reglas del juego. (¿Es natural, normal o lógico? . . . Los hechos mismo arrojan la respuesta).

(4) "La evidencia es la presencia de una realidad como inequívoca y claramente dada". (Llano C., Carlos, *"Formación de la inteligencia, la voluntad y el carácter"*, Ed. Trillas, México 1999, p. 19).

(5) A.V. op. cit., 11

(6) Miroslaw, K., op. cit., p. 42

(7) Cfr. Reale, G., Antisieri, D.; op. cit., pp. 889-907; Watson, Peter; *"Historia intelectual del siglo XX"*, Ed. Crítica, Barcelona 2006, p. 523

(8) Artigas, Mariano (tomado de Palafox, E., op. cit., p. 124)

(9) Miroslaw, K., op. cit., p. 102 (Cfr. M. Artigas, *"Filosofía de la naturaleza"*, op. cit., pp.245, 253-255)

(10) Miroslaw, K, op. cit., p. 42

(11) Ibid. p. 104

(12) Cfr. Aristóteles, op. cit, lib. V, cap. 2.

(13) Sayés, J. A., op. cit., p. 103

(14) Miroslaw, K., op. cit., p. 105

(15) Platón, *Diálogos* (*"Teetetes"*), Ed. Porrúa, México, 1991

(16) Choza, Jacinto, op. cit., p. 107

(17) Stenson, J.B., op. cit., p. 14

(18) Guerra, M., op. cit., p. 53

El autor aborda la cuestión, un tanto polémica, acerca del origen del hombre (*homo sapiens*). Se trata de un enfoque que no es propio de los especialistas, pero presenta y conjuga una serie de datos que los peritos y expertos en diversas materias han aportado al respecto en un largo período de tiempo, desde la primitiva filosofía de pocos siglos a.C. hasta los encontrados por investigaciones recientes del siglo XX. El autor intenta, principalmente, ofrecer una visión global sobre este tema recogiendo y ordenando datos de carácter científico así como algunas ideologías o corrientes de pensamiento, teorías, etc., sobre la naturaleza y orígenes del ser humano. Acudiendo sobre todo al fenómeno cultural, típico y exclusivo del *homo sapiens*, hace resaltar las diferencias con los primates y antropoides que presuntamente son sus "ancestros", argumentando que hay un "salto" inexplicable o un abismo entre la actitud irracional y gregaria frente a la conducta racional, marcada por la libertad, la inventiva y sociabilidad humana, por una parte; y de otra, como siendo posible y real una evolución hacia algo más perfecto cada vez, propiamente el progreso y superación como individuo y como linaje o especie, solamente la lleva a cabo el hombre, es decir, la persona humana. Concluye que el ser humano no es el resultado de una pura evolución de la materia, inerte e irracional, sino que todo apunta a "plan previo" como un elemento más de un acontecer concatenado que ha tenido un principio. Ni azar ni sólo materia.